145,—

GÜNTHER SATOR

Feng Shui
für Kinder

➤ Kinderzimmer ideal gestalten
➤ Kreativität, Intuition, Intelligenz fördern
➤ EXTRA: Feng-Shui-Spiele

W0197159

Inhalt

PRAXIS

Ein Wort zuvor

Kinder sind viel sensibler und offener für Umwelteinflüsse als wir Erwachsene. Kinder leiden daher auch am meisten unter einem problematischen Umfeld, sei es im Kindergarten, in der Schule oder zu Hause. Darüber hinaus müssen sich unsere Kleinen heute wesentlich früher und intensiver, als es jemals der Fall war, mit einem immer schnelleren Alltagstempo, mit Leistungsdruck, Zeitmangel in der Familie, wachsender Kontaktarmut und unnatürlicher Lebensweise auseinandersetzen. In zunehmendem Maße besteht die Gefahr, daß vieles an natürlicher Kindlichkeit verloren geht – ein großes Hindernis für die normale und wesensgemäße Entwicklung der inneren Anlagen des Kindes.

Eine unterstützende und förderliche Umgebung ist die Basis für jede gesunde Entwicklung. Feng Shui bietet ein großes Spektrum einfacher Maßnahmen, mit deren Hilfe Sie für Ihr Kind das bestmögliche Umfeld und einen ausreichend großen persönlichen Entwicklungsraum schaffen können.

Feng Shui ist eine uralte asiatische Kunst, positive Energien zu nutzen und in Harmonie mit seinem Umfeld zu leben. Im »Feng Shui für Kinder« geht es daher einerseits darum, das Potential der räumlichen Umgebung bestmöglich zu nutzen (beispielsweise des Kinderzimmers). Es geht aber ebenso sehr darum, durch ein harmonisches Zusammenleben und den wesensgerechten Umgang miteinander ein optimales Beziehungsumfeld für Ihr Kind zu schaffen. Feng Shui verbindet somit Innenwelt (Verhalten, Persönlichkeit) mit dem Äußeren (Auswahl und Gestaltung der Räume).

Vom Säuglingsalter bis etwa zum Einsetzen der Pubertät bietet Ihnen dieses Buch eine Fülle an Informationen und praktischen Tips. Zunächst lernen Sie Ihr Kind und seine individuellen Anlagen mit Hilfe verschiedener Methoden besser kennen. Daraus leiten sich konkrete Verhaltenstips für den täglichen Umgang mit Ihrem Kind ab sowie umfassende Hinweise zur optimalen Gestaltung des Kinder-, Lern- und Spielzimmers. Spezielle »Fünf-Elemente-Spiele« helfen Ihrem Kind, auch verborgene Persönlichkeitsanteile auf sanfte und lustvolle Weise zu entwickeln.

Ihnen und Ihrem Kind wünsche ich für diesen gemeinsamen Weg »viel gutes Feng Shui«!

Günther Sator

Warum Feng Shui?

Nicht allein Veranlagung, Vorbild und Erziehung prägen
die Entwicklung eines Kindes.
Auch die Umgebung, die
Räume und Gegenstände nehmen großen Einfluß darauf,
ob ein Kind seine Wesensart
optimal entfalten und zu
einer intakten Persönlichkeit
heranreifen kann. Denn das
Umfeld hat eine energetische
Kraft, die nicht zu unterschät-
zen ist.
Feng Shui bietet ein breites
Spektrum an Möglichkeiten,
diese Energie optimal zu
nutzen, damit sich Ihr Kind
wohl fühlt und die besten
Bedingungen für seinen Start
ins Leben hat.

Das Umfeld prägt Entwicklung und Schicksal

Daß Sie sich an bestimmten Plätzen besonders wohl fühlen, an anderen hingegen gar nicht, hat mit der speziellen »Energie« dieser Plätze zu tun. Feng Shui beschreibt, wie diese Umgebungsenergien auf uns wirken. Und es lehrt uns, wie wir durch die optimale Gestaltung auch eines eher ungünstigen Umfeldes diese Energien beeinflussen und so unsere persönliche Entwicklung unterstützen und zu einem glücklichen, harmonischen Leben finden können.

In unserer modernen Welt, die geprägt ist von Streß und Leistungsdruck, wird es immer wichtiger, für eine Umgebung zu sorgen, die regenerierend, ausgleichend, stärkend wirkt. Gerade für Kinder spielt das eine große Rolle, da sie noch sensibler als Erwachsene auf äußere Einflüsse reagieren. Die Wohnung, das Kinderzimmer, der Lernplatz, der Kindergarten und das Klassenzimmer – all diese Räume prägen nachhaltig das Schicksal und die Enwicklung des Kindes.

Was ist Feng Shui?

Feng Shui ist eine jahrtausendealte Wissenschaft, die ursprünglich aus China stammt. Wörtlich übersetzt bedeutet es »Wind und Wasser«: Diese beiden Naturkräfte symbolisieren die natürlichen Energien der Umgebung, die mit Hilfe von Feng Shui »gebändigt« und genutzt werden können.

Nicht nur in China, sondern überall auf der Welt erkannten die Menschen schon früh, wie sinnvoll es ist, Haus und Alltagsleben so auszurichten, daß die Naturkräfte nützlich und nicht schädlich wirkten. So entwickelten sich der Landschaft und dem Klima angepaßte Baustile. Beachtet wurde die richtige Orientierung eines Gebäudes, die Lage des Einganges, der Türen und Fenster; auch die Anordnung der Räume und sogar die Plazierung der Möbel geschahen keineswegs willkürlich. Störenergien (beispielsweise von unterirdischen Wasseradern) wurden mit speziellen Methoden aus den Räumen ferngehalten, um die Bewohner vor hinderlichen Einflüssen zu bewahren und ihnen ein möglichst harmonisches Umfeld zu schaffen.

Überall auf der Welt baute man traditionell an Orten, die einem Haus optimalen Schutz und wohltuende Energien sicherten.

Europäisches »Feng Shui«

Ein Wissen um den »richtigen Platz« und wie man auf ihm bauen und sich einrichten sollte, hatten auch unsere europäischen Vorfahren. Die Geomantie war die westliche Form des Feng Shui, nach deren Erkenntnissen man Schlösser, Klöster, Kirchen oder Bauernhäuser baute. Allerdings war dieses Wissens großenteils nur wenigen Eingeweihten vorbehalten und ist heute fast gänzlich vergessen.

In Asien dagegen ist der Erfahrungsschatz des Feng Shui vollständig überliefert – vieles davon ist durchaus allgemeingültig und auf unsere heutigen Bedürfnisse übertragbar.

Geomantie – ein fast vergessenes Wissen

Ganz ohne Drachen und Fächer

Für die praktische Umsetzung der Feng-Shui-Maßnahmen müssen wir keine traditionellen asiatischen Hifsmittel einsetzen, die bei uns doch eher befremdlich wirken würden. Exotische Gegenstände, beispielsweise die in China häufig verwendeten Bambusflöten, Fächer oder Drachenfiguren, sind nicht nötig, um effektives Feng Shui zu betreiben. Es gibt heimische Methoden und Hilfsmittel, die ebenso wirksam sind. Die in diesem Buch erläuterten Feng-Shui-Maßnahmen wurden ausschließlich auf unsere westliche Kultur abgestimmt.

Was kann Feng Shui?

Die ersten, die Feng Shui in der westlichen Welt einsetzten, waren internationale Konzerne und Großbetriebe. Sie hatten erkannt, daß zufriedene Mitarbeiter und Kunden wesentlich für den wirtschaftlichen Erfolg sind: Wenn das Umfeld »stimmt«, spüren das die Menschen, die Motivation steigt, und generell verbessern sich das Betriebsklima und die Leistung. Ein disharmonisches Umfeld erzeugt hingegen Spannungen und auch gesundheitliche Schwächen.

Mit Feng Shui helfen Sie Ihrem Kind, sich seinem inneren Wesen gemäß zu entfalten.

Ob am Arbeitsplatz oder in der Wohnung: Feng Shui kann aus jeder Situation das Optimale machen. Auch wenn dabei die Plazierung der Möbel und die Gestaltung der Räume sehr wichtig sind, geht es letztlich um ein ganzheitliches Konzept, um das Wechselspiel zwischen Mensch (»Inneres Feng Shui«, Seite 13) und Umfeld (»Äußeres Feng Shui«). Erst wenn beide Aspekte miteinander in Harmonie sind, kann langfristig die optimale Lebensqualität erreicht werden.

Kinder fördern

Wenn Sie »Feng Shui für Kinder« anwenden, können Sie Ihr Kind und seine speziellen Fähigkeiten von nun an viel effizienter unterstützen. Denn ein harmonisches Umfeld hilft dem Kind gleich auf zwei Ebenen: Zum einen spürt es, daß es verstanden wird, und kann daher seine Sensibilität und sein Gespür für den wahren Kern der Dinge in einer Atmosphäre des Vertrauens ideal ausleben und entfalten. Und außerdem lernen die Eltern, das Kind so zu sehen und zu behandeln, wie es entsprechend seinem inneren Wesen wirklich veranlagt ist. Sie werden daher darauf verzichten, das Kind nach ihrem Idealbild umformen zu wollen. Das erspart den Eltern so manche Enttäuschung und bewahrt das Kind vor seelischem Schaden. Beide können ihre Energien statt dessen für die persönliche Weiterentwicklung einsetzen.

Ein harmonisches Umfeld ist die Basis

Alles lebt – alles ist Energie

»Alles lebt«, behaupteten schon die alten Weisen, und ihre Aussage wird von der modernen Wissenschaft bestätigt: Alles, was uns umgibt, schwingt – alles ist Energie. Allerdings ist mit diesem Begriff weniger der elektrische Strom aus der Steckdose gemeint als vielmehr die universelle Lebensenergie (Chi/Qi, sprich »Tschi«), die Haus, Mensch, Berg, Natur, aber auch Kinderzimmer oder Lernplatz »belebt«.

Chi ist universelle Lebensenergie, die Grundsubstanz des Kosmos.

Sowohl die uns umgebende Welt der Materie als auch die nicht greifbare Welt des Unsichtbaren ist letztlich nur eine jeweils verschiedene Erscheinungsform der gleichen Energie. Diese feinstoffliche Substanz, aus der der gesamte Kosmos besteht, fließt auch in uns. Auch unsere seelische und geistige Entwicklung wird von diesem universellen Energiestrom gelenkt.

Kinder spüren Energien intensiver

Jedes Kind kommt mit einer hoch entwickelten Intuition und Sensibilität auf die Welt. Es kann Energien wahrnehmen, die uns Erwachsenen in der Regel verborgen bleiben. Daher begegnen Kleinkinder manchen Menschen spontan sehr zutraulich, während sie bei anderen ängstlich reagieren. Kinder nehmen die Ausstrahlung, die Energie eines Menschen intuitiv wahr, und sie zeigen durch ihr Verhalten, ob dessen Energiefeld (die Aura) überwiegend positiv oder negativ strahlt. Ebenso sensibel reagieren sie auf Umgebungsenergien. Diese Sensibilität ist den meisten Erwachsenen fast gänzlich verloren gegangen. Spätestens im Teenageralter werden wir zunehmend außenorientiert und von Gesellschaft und persönlichem Umfeld geprägt. Dadurch entfernen wir uns immer mehr von unserer intuitiven Wahrnehmung. Feng Shui ist eine Möglichkeit, die eigene Intuition wieder mehr spüren zu lernen.

Energie will frei fließen

In Wohnräumen sollte die unsichtbare Chi-Lebensenergie frei fließen können, wie ein Bächlein, das sich in natürlichen Schwüngen durch die Landschaft windet. Ob die Energie ungehindert schwingen kann, hängt von der Lage und Nutzung der Räume und von der Anordnung der Möbel und Einrichtungsgegenstände ab. Mit Hilfe von Feng-Shui-

Chi in der Wohnung

TIP!

Kleiner Aufwand – große Wirkung

In einer energiereichen Wohnung herrscht eine heitere und gelöste Stimmung, die Menschen fühlen sich einfach wohl, sind gesund und glücklich. Dafür müssen die Räume nicht teuer oder gar aufwendig eingerichtet werden. Meist reicht es, sich von Unwichtigem zu trennen (Seite 64) und die vorhandenen Gegenstände und Möbel besser zu plazieren und zu nutzen. Räume und Möbel sollten so angeordnet sein, daß sie Ihren Bedürfnissen entsprechen und daß zugleich jeder Bereich gleichmäßig mit Chi versorgt wird. Ergänzende Feng-Shui-Maßnahmen sorgen überall dort für Belebung und Harmonie, wo zusätzliche Akzente benötigt werden. Mehr darüber ab Seite 63.

Maßnahmen kann der Energiestrom auch dort optimal in Fluß kommen, wo etwa durch ungünstige Raumanordnung oder schlechte Nutzung derzeit noch »Flaute« oder »Stau« besteht.

Feng Shui ist Akupunktur im Raum

Eine Wohnung oder ein Bauwerk ist letztlich nichts anderes als ein lebendiger Organismus und »funktioniert« in gewisser Weise wie ein Körper.
Die Traditionelle Chinesische Medizin (TCM) geht davon aus, daß Krankheit entsteht, wenn der natürliche Energiefluß im Körper gestört ist. Mit Hilfe der Akupunktur wird ein »Stau« aufgelöst, die Energie kann wieder alle Organe und Körperteile voll mit Energie versorgen – und das ermöglicht Gesundheit und Wohlbefinden.

Ähnlich wie im Körper verursacht Energiestau auch in der Wohnung Probleme.

Jeder Abschnitt einer Wohnung und jeder Raum hat eine spezielle Bedeutung (Seite 55), sie sind gewissermaßen die Organe und Körperteile der Wohnung. Ein schlecht genutzter Raum läßt den Chi-Fluß der Wohnung stagnieren, auch ein vollgeräumter Raum blockiert ihn. Deshalb ist die regelmäßige Nutzung aller Raumbereiche ebenso wichtig wie die richtige Möblierung, Beleuchtung, Farben und vieles andere mehr, das zum Energiefluß und damit zum Wohlbefinden beiträgt. Jede Feng-Shui-Maßnahme und jedes Hilfsmittel wirkt wie eine belebende und aktivierende Akupunkturnadel im Körper. Das Ziel ist, so viel Chi wie möglich in alle Raumbereiche hinein- und auch wieder herausströmen zu lassen. Geschieht das in vernünftiger Dosis, herrscht Harmonie und Wohlbefinden – der »Körper« ist gesund. In einem Feng-Shui-gemäßen Umfeld werden sich Ihre Kinder frei und harmonisch entwickeln können, denn wie jedes zarte Pflänzchen brauchen auch sie ein nährendes und beschützendes Ambiente, aus dem sie vertrauensvoll in die Welt hinauswachsen können.

Feng-Shui-Maßnahmen bringen die Energie in Fluß.

Das innere Feng Shui

Der Mensch
als Spielball
der Umwelt?
Die Umgebung prägt uns mehr, als uns manchmal recht ist. Dennoch haben schlechte äußere Einflüsse niemals »schuld« an einer Misere. Vielmehr entscheidet unsere eigene »Resonanz«, wie sehr wir die Energien der Umgebung annehmen – oder eben nicht. Denn jeder kann durch seine Lebenshaltung stark zu seinem Wohlbefinden beitragen, selbst wenn sich scheinbar die ganze Welt gegen ihn verschworen hat.

Gleiches zieht Gleiches an

Die Erfahrung hat gezeigt, daß ein fröhlicher und optimistischer Mensch auch mit schwersten Herausforderungen leichter fertig wird als jene Zeitgenossen, die auch hinter kleineren Problemen immer gleich das Schlimmste vermuten.

Jeder Spitzensportler oder Top-Unternehmer kann Ihnen bestätigen, wie wichtig die richtige Einstellung ist. Denn jeder Gedanke erzeugt eine bestimmte Schwingung, die die Aura prägt (Seite 11) und in die Umwelt ausstrahlt. Und dort schwingt sie sich auf Energien derselben Ebene ein: »Gleiches zieht Gleiches an«, sagt der Volksmund. Daher ziehen Menschen, die in allem eine positive Herausforderung und eine Möglichkeit zum Weiterlernen sehen, auch harmonischere Menschen und ein besseres Schicksal an als negativ gepolte, neidische oder angsterfüllte Menschen. Diese finden sich wiederum mit ihresgleichen zusammen – und leiten daraus die Erfahrung ab, daß die Welt »schlecht, hart und ungerecht« sei. Sie erkennen nicht, daß sie selbst die Ursache für ihr beschwerliches Schicksal sind, da sie die negativen Energien nähren, statt sich auf das Positive zu konzentrieren.

Gedanken
prägen das
Schicksal

Positives Denken kultivieren

Der erste Schritt zu erfolgreichem Feng Shui ist daher die Kultivierung und Harmonisierung der Gedanken, Gefühle und inneren Dialoge. Je öfter es Ihnen gelingt, in Ihrem inneren »Heimkino« aufbauende Gedanken zu produzieren, desto häufiger werden positive »Zufälle« Ihr

Leben bereichern. Schon nach kurzer Zeit wird sich Ihr Leben, Ihr Freundeskreis, vielleicht Ihre Gesundheit, sicher Ihre Beziehung zu den Kindern und zum Partner entscheidend verbessern.

Es fällt zu, was fällig ist ...

»Was Sie aussenden, das ziehen Sie an« oder »Wie Sie in den Wald hineinrufen, so schallt es zurück«: Was immer Sie verursachen, in Ihren Taten, Gedanken und Gefühlen, ist eine kraftvolle Ener-

Eine positive Haltung im Leben schafft positive Erfahrungen.

gie, die Sie nach außen abstrahlen. Ob Sie wollen oder nicht – Sie prägen damit Ihre Umgebung.

»Alles ist miteinander verbunden«, erkannten bereits die alten Naturvölker. Mittlerweile werden durch aktuelle Forschungsresultate, etwa der Quantenphysik, diese Erkenntnisse bestätigt. Nichts existiert isoliert in diesem Universum, daher geschieht nichts in Ihrer Umgebung rein »zufällig«. Statt dessen *fällt Ihnen zu, was fällig ist* (die wahre Bedeutung des Wortes Zufall). Ereignisse haben also immer mit Ihrem aktuellen inneren Zustand zu tun. Wenn Sie etwa Probleme mit Ihrem Nachbarn oder Arbeitskollegen haben, spiegelt Ihnen das deutlicher, als es oft in der Partnerbeziehung erkennbar ist, daß und in welchem Bereich Sie Ihre Beziehungsfähigkeit noch nicht voll entwickelt haben.

Alles ist miteinander verbunden, nichts geschieht zufällig.

Wohnung, Schicksal – und Kinder: ein Spiegel

Ihre Wohnung ist genauso ein Spiegel Ihrer Persönlichkeit wie Ihr Schicksal, Ihre Beziehungen, Ihre Gesundheit, Ihre Hobbys, der bevorzugte Einrichtungsstil – alles, was unmittelbar mit Ihnen zusammenhängt. Es ist also auch kein Zufall, wo und wie Sie wohnen.

Es gibt im Feng Shui eine Methode, das »Bagua«, mit dem die Wohnung in Zonen eingeteilt wird, die bestimmte Lebensbereiche symbolisieren. Wenn sich nun in jenem Bereich Ihrer Wohnung, der die Kinder symbolisiert (Seite 57), ein wirres Durcheinander aus Bügelwäsche, Büchern und unerledigter Arbeit findet, dann fühlen sich möglicherweise Ihre Kinder unbewußt durch bestimmte Umstände unter Druck gesetzt. Oder vielleicht ist die Eltern-Kind-Beziehung eher schwierig.

Aus der Verwicklung zur Entfaltung

Wie innen, so außen

Feng Shui zeigt Ihnen die Zusammenhänge zwischen Außenwelt und Ihrer Persönlichkeit und hilft zu erkennen, welche Lebensthemen anstehen, wo etwas gelöst werden sollte. Probleme mit den Kindern zeigen immer auch ein noch zu lösendes »Thema« bei den Eltern an – denn solange Kinder von den Eltern abhängig sind, »hängen« sie gewissermaßen energetisch an ihnen, wie an einer unsichtbaren Nabelschnur. Wenn Sie bereit sind, sich weiterzuentwickeln, und dies parallel durch die richtigen Feng-Shui-Maßnahmen unterstützen, dann wird nicht nur vieles plötzlich einfacher gehen, Sie werden auch feststellen, daß sich Ihre Kinder wie durch ein Wunder ganz anders entwickeln.

Ihre Kinder sind also auch der äußere Spiegel Ihres eigenen inneren Wesens. Alle ungelösten Probleme, selbst wenn Sie sich nur ein bißchen »unrund« fühlen, werden von den Kindern unbewußt erkannt und gespiegelt. So kann aufmüpfiges Verhalten der Hinweis dafür sein, daß sich das Kind in seiner Umgebung unbewußt eingeengt fühlt; Bettnässen etwa oder auch Lernschwierigkeiten zeigen »zerstreutes Chi« an, sind daher oft ein Signal dafür, daß Ihr Kind mehr Zuwendung, Wärme und Aufmerksamkeit benötigt.

Probleme ganzheitlich betrachten

Umfeld und Akteure passen zusammen – wie in einem perfekt inszenierten Schauspiel. Insofern »passen« auch Vater, Mutter und die Kinder immer zusammen, selbst wenn es auf den ersten Blick gar nicht danach aussehen mag. Bei ganzheitlicher Betrachtung bieten nämlich oftmals die schwierigen oder leidvollen Erfahrungen die intensivsten Lern- und Entwicklungschancen. Auch wenn hinter allem

> **WICHTIG**
> ### Bei sich selbst anfangen
> Der erste Schritt, um das Umfeld Ihres Kindes zu verbessern, besteht also darin, eigene »blinde Flecke« zu erkennen. Erst danach kommt die Umgestaltung und Harmonisierung der Wohnung und des Kinderzimmers, auch wenn solche Maßnahmen natürlich eine große Bedeutung für das Wohlergehen des Kindes haben.

ein verborgener Sinn zu stecken scheint, den man manchmal erst viel später erkennen kann, so kann die Eltern-Kind-Beziehung ebenso wie die eigene Lebensentwicklung auch anders als über Schmerz, Sorgen oder Leid weitergebracht werden. Einfacher und befriedigender ist nämlich der Weg der Selbsterkenntnis.

»Selbsterkenntnis ist der erste Schritt zur Besserung.«

Miteinander lernen

Die Betrachtung einer Situation aus der Sicht des Inneren Feng Shui bringt zunächst mehr Klarheit, bedeutet aber nicht, daß jemand »schuld hat«. Schließlich können wir im Kind nur bewirken und auslösen, was in seiner persönlichen Anlage bereits vorhanden ist. Immer greifen verschiedene Elemente ineinander – daher benötigen sich beide, Eltern und Kinder, für ihre gegenseitige Entwicklung, beide sind sowohl »Lehrer« als auch »Lernende«.

Die Sprache des Zufalls und des Umfeldes verstehen

Inneres Feng Shui hilft Ihnen, die Sprache des »Zufalls« rechtzeitig und genauer zu verstehen. Bald werden Sie besser in der Lage sein, Ungleichgewichte zu erkennen und durch aktives Tun selbst Maßnahmen zu ergreifen, um das eigene Leben und das der Familie und der Kinder zu bereichern und in die richtige Richtung zu lenken. Damit folgen Sie einfach den Gesetzen der Natur, denn nichts ist jemals ganz perfekt, alles strebt ständig nach Wandlung. Dementsprechend wichtig ist die innere Bereitschaft, ehrlich zu seinen eigenen Stärken und Schwächen zu stehen und den Spiegel der Umwelt, der sich über die Kinder (und auch über die Partnerschaft, Buchtip Seite 93) sehr direkt zeigt, anzuschauen, um daraus zu lernen. Dann werden Sie Ihre Kinder plötzlich nicht mehr als die »Kleinen« betrachten, sondern in ihnen einen Ihrer wichtigsten Lebenslehrer erkennen.

Jedes Problem birgt eine Lernaufgabe und Entwicklungschance für Eltern und Kind.

Aus dieser Perspektive werden Sie wahrscheinlich auch die folgenden Inhalte ganz anders verstehen und sie noch besser für sich und Ihre Familie nutzen können.

Gleichgewicht der Kräfte

Yin und Yang

Um ein Leben in Harmonie zu erreichen, müssen die vielfältigen Aspekte des täglichen Lebens »unter einen Hut gebracht werden«.

Zwei Pole, ein Ganzes

In Asien entwickelte sich aus der Naturbeobachtung und einem tiefen Verständnis der verschiedenen Energien schon früh die Lehre von den beiden gegenteilen, sich aber ergänzenden Kräften »Yin« und »Yang«.

Keine dieser beiden Kräfte ist besser oder schlechter als die andere – beide benötigen sich gegenseitig zur Ganzheit. Allein kann keine der beiden Energien existieren. Dabei hat mal das Yang, mal das

● *Yin* ist weiblich, aufnehmend, innenorientiert, weich, dunkel, kalt, ruhig und reagierend.
● *Yang* ist männlich, eindringend, außengerichtet, hart, hell, heiß und agierend.

Yin die Vorherrschaft: Zum Beispiel ist die Jahreszeit Sommer mehr Yang; der Winter (Yin) ist genauso wichtig im Jahreskreis, nur zu einem anderen Zeitpunkt. Wer viel arbeitet (Yang), benötigt viel Zeit für Ruhe und Regeneration (Yin). Der dynamischen Kraft der Kinder (wachsendes Yang) steht die Erfahrung und liebevolle Fürsorge der Großeltern (wachsendes Yin) gegenüber.

Wenn ein Aspekt überhand nimmt, droht Gefahr. Wie bei einem zu stark aufgepumpten Ballon reguliert die Natur jedes extreme Ungleichgewicht, indem schlagartig der Gegenpol in Kraft tritt: Der Ballon platzt! Was der Herzinfarkt für den Workaholic, die Verletzung für den Extremsportler, sind beispielsweise Gewaltausbrüche bei einem Kind, dem es an Halt, Aufmerksamkeit und Geborgenheit fehlt: Jedes Problem, auch innerhalb der Familie, zeigt also immer unter anderem ein Ungleichgewicht im Yin-Yang-Gefüge an.

Wichtig: das Gleichgewicht

Yin und Yang in der Wohnung

Typisch Yang: Ist Ihre Wohnung extrem hell, offen, spartanisch eingerichtet, mit vielen geraden Linien, und leben hier überwiegend aktive Menschen? Dann bewohnen Sie eine *Yang*-Wohnung, was zwar grundsätzlich wünschenswert ist, aber eben nur bis zu einem bestimmten Ausmaß. Wirken die Räume nämlich steril, sind die Wände mit riesigen Fensterflächen bis zum Boden geöffnet, führt eine Treppe mitten in den Wohnraum und wirkt das Gebäude insgesamt wie ein Durchzugshaus, dann herrscht ein Yang-Überschuß vor, es fehlt an Geborgenheit und Intimität.

Bei Yang-Überschuß fehlt Geborgenheit

▶ Kinder brauchen ganz besonders viel Wärme und Zuwendung, um sich in einer so dynamischen Umgebung nicht gänzlich zu verlieren. Schaffen Sie den Ausgleich durch weichere Materialien (Gardinen, Teppiche), wählen Sie auch mal gedämpftere Farben, sorgen Sie für persönliche Accessoires und ausreichend Zimmerpflanzen (ideal: Pflanzen der Elemente Wasser und Metall, etwa Azalee, Gloxinie, Grünlilie; Buchtip Seite 93).

Typisch Yin: Ist Ihre Wohnung sehr dunkel, nur selten strahlt Sonnenlicht in die Räume, und insgesamt wirken die Räume eher überladen? Dann haben Sie es überwiegend mit *Yin*-Energie zu tun. Auf Dauer wird sich hier das Leben Ihrer Familie wahrscheinlich schwieriger und zäher gestalten als unter anderen Bedingungen. Auch die natürliche Entwicklung und Entfaltung der Kinder könnte in einem solchen Ambiente gehemmt sein.

Yin-Überschuß wirkt hemmend

▶ Sorgen Sie daher für belebenden Ausgleich: Öffnen Sie Gardinen, und lassen Sie mehr Licht in die Räume. Installieren Sie zusätzliche Beleuchtungskörper, und sorgen Sie auch durch helle und aktivierende Farben für frisches Chi (Seite 64). Fröhliche Musik, die Stimmung von Tanzen und Lachen sollte in Ihrer Wohnung Einzug halten. Günstig wäre es, wenn auch die Einrichtungsgegenstände und Accessoires diese heitere Qualität ausstrahlen.

Im Wohnzimmer darf ruhig Yang etwas überwiegen, da es ein Raum der Kommunikation und gemeinsamen Aktivität ist.

Yin und Yang ausgewogen: Das Wohnzimmer wirkt weit, hell und einladend, das elterliche Schlafzimmer liegt in einem ruhigeren Abschnitt der Wohnung, Küche und Eßplatz werden gerne und häufig benutzt?

Die Wohnung im Gleichgewicht

Im Kinderzimmer steht der Schreibtisch so, daß das Kind mit dem Rücken zur schützenden Wand lernt (Seite 53), das Bett befindet sich in einem ruhigeren Raumabschnitt (Seite 48), und außerdem ist da noch genügend Platz zum Spielen und Herumtoben? Ihr Kind hält sich gerne im Kinderzimmer auf? In der Wohnung gibt es einige kräftige Zimmerpflanzen, genügend Sonne erhellt die Räume? Dann scheint wohl Ihr Yin-Yang-Gefüge in Ordnung zu sein.

Hier können sich Vater und Mutter gleichwertig entfalten, und hier erleben auch die Kinder auf natürliche Art Balance und Stabilität.

Ein Spiegel der Eltern

Denn die ausgewogene Yin-Yang-Energie der Wohnung ist kein Zufall, sie spiegelt den inneren Zustand beider Elternteile und den Entwicklungsstand der Beziehung wider. Je ausgewogener die Energien, desto klarere Orientierung bietet sich dem Kind – es erlebt Kontinuität und entwickelt das unbewußte Vertrauen, daß es sich auf die Eltern (und zwar auf beide!) verlassen kann und daß es nicht allein ist.

Die Fünf Elemente

Yin und Yang lassen sich noch genauer aufteilen und beschreiben im weiterführenden Ordnungssystem der »Fünf-Elemente-Lehre«. Darin

Verschiedene Energiequalitäten

werden alle Phänomene des Lebens fünf verschiedenen Energiequalitäten zugeordnet, symbolisiert durch die »Elemente« Holz, Feuer, Erde, Metall und Wasser. Im Feng Shui dient das Fünf-Elemente-System hauptsächlich dazu, Umgebung, Formen, Materialien und Farben so aufeinander abzustimmen, daß sie harmonisch zusammenspielen und zugleich die Persönlichkeit der Bewohner optimal fördern. Denn auch diese läßt sich über die Fünf Elemente beschreiben und harmonisieren (Seite 22).

Eine Frage der Balance

Kein Element existiert isoliert für sich – alle fünf Elemente befinden sich im ständigen Wechselspiel miteinander. Sie beeinflussen sich ge-

Ein Wechselspiel

genseitig, daher werden sie auch häufig als »Wandlungen« (oder als »Wandlungsphasen«) bezeichnet. Wann immer Sie eine Landschaft, ein

DIE EIGENSCHAFTEN DER FÜNF ELEMENTE

HOLZ	Frühling, Morgen, Osten, Grün, hoch, aufstrebend, Wachstum, Elastizität, Verwurzelung, Stärke, Flexibilität
FEUER	Sommer, Mittag, Süden, Rot, spitz, scharfkantig, Hitze, Trockenheit, Bewegung, Ausdrucksstärke
ERDE	Spätsommer, Nachmittag, Mitte, Gelb und Braun, flach, Fruchtbarkeit, Wachstumspotential, Aufrichtigkeit
METALL	Herbst, Abend, Westen, Weiß, rund, kuppelförmig, hart, schneidend, leitend, Redegewandtheit
WASSER	Winter, Nacht, Norden, Blau und Schwarz, wellig, unregelmäßig, kühl, naß, absteigend, fließend, nachgiebig, Kontaktfähigkeit

Alle Eigenschaften, ob von Dingen oder Menschen, können einem Element zugeordnet werden.

Grundstück, ein Haus oder einen Raum betrachten, nehmen Sie unbewußt die in Form, Farbe und Materialien repräsentierten Elemente wahr und spüren, ob deren Mischung ausgewogen ist oder ob ein Element dominiert. Bei einem größeren Ungleichgewicht werden Sie sich an diesem Platz unwohl fühlen, meist wissen Sie gar nicht, warum. Um nun festzustellen, wie sich die einzelnen Elemente gegenseitig beeinflussen, betrachten Sie die zwei wichtigsten Energiezyklen:

Zyklus der Schöpfung – »Holz nährt Feuer«

Ein Element stärkt das andere

Der »Zyklus der Schöpfung« beschreibt, wie die einzelnen Wandlungsphasen harmonisch ineinander übergehen, sich ineinander (ver-)wandeln. Ebenso wie der Geburt das Wachstum und dem Frühjahr der Sommer folgt, folgt nach dem Osten der Süden, dem Holz das Feuer und so fort. Wenn die Elemente im Lebensumfeld auf »nährende« Weise zusammenspielen, kann das Chi harmonisch fließen – die Menschen fühlen sich wohl, die Wohnräume wirken stimmig.
Ein ungleichmäßiger Kreislauf würde zu Krankheiten oder Problemen führen. Ein Beispiel: Im Frühjahr (Holzzeit) wird gesät und gepflanzt, im Sommer (Feuerzeit) wächst und reift die Pflanze und die Frucht; wenn aber im Spätsommer (Erdezeit) das Wetter Kapriolen schlägt, ist der natürliche Kreislauf gestört, und die Ernte leidet. Jede Unterbrechung oder Einseitigkeit im Zusammenspiel der Elemente führt zu Ungleichgewicht. Auch in der Wohnung und im Alltag sollten deshalb die Elemente in einem ausgewogenen Verhältnis vorhanden sein.

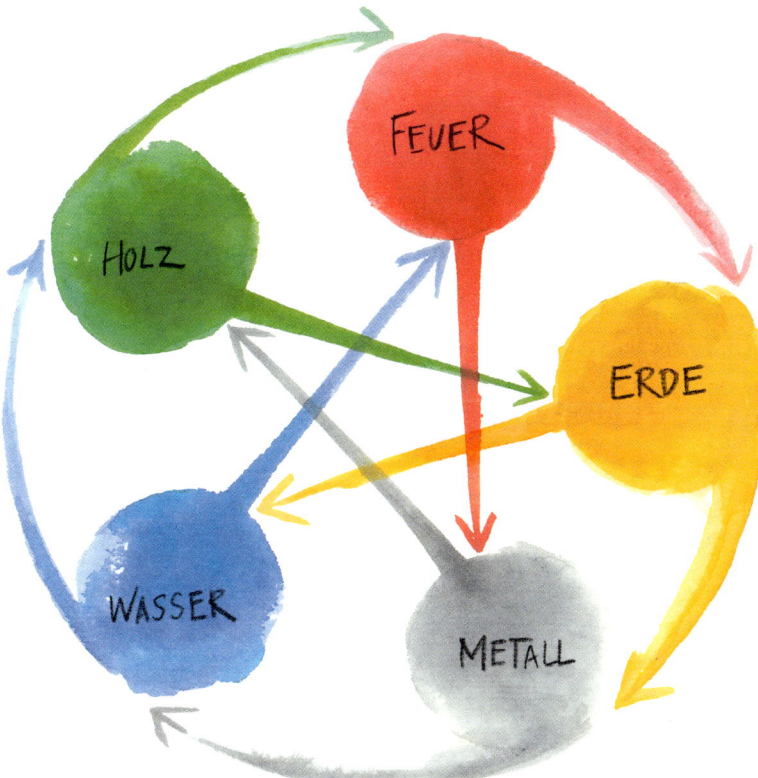

Zyklus der Schöpfung (äußere Pfeile): Holz nährt das Feuer, Feuer wird zu Asche und düngt die Erde, in der Erde entsteht Metall, auf Metall kondensiert Wasser, und Wasser sorgt für das Wachstum von Holz.

Zyklus der Kontrolle (Pfeile innen): Holz (Wurzelwerk) durchdringt Erde, Erde begrenzt Wasser, Wasser löscht Feuer, Feuer schmilzt Metall, Metall schneidet Holz.

Zyklus der Kontrolle – »Wasser löscht Feuer«

Wie sich die Elemente gegenseitig kontrollieren, entnehmen Sie dem »Kontrollzyklus,« dargestellt durch die fünf Pfeile im Zentrum der Abbildung. Der Kontrollzyklus ist ebenso wichtig wie der schöpferische, denn über ihn kontrollieren (und regulieren) sich die Elemente gegenseitig – sie »passen auf«, daß keines überhandnimmt.

Ein Element mildert ein anderes, falls es zu stark wird.

In einem extrem sonnigen, offenen und sehr aktiv genutzten Wohnzimmer (Feuerelement) wünschen sich die Bewohner häufig ein Aquarium oder einen Zimmerbrunnen: Wasser löscht einen Teil des Feuers, und somit wird Ausgleich gegen den Feuerüberschuß geschaffen. Allerdings könnte zu starke Kontrolle auch zu »Zerstörung« führen. Harmonie entsteht dann, wenn ein Element das übernächste des Schöpferischen Zyklus ausreichend kontrolliert, und wenn es selbst wiederum vom vorletzten Element angemessen kontrolliert wird.

Die Persönlichkeit des Kindes fördern

Das Kind besser verstehen und gezielt unterstützen

Feng Shui für Kinder ist mehr als nur »Möbelrücken«. Es geht darum, das Kind in seiner ganz speziellen Eigenart zu fördern. Um die Persönlichkeit Ihres Kindes besser zu begreifen, stehen Ihnen zwei Methoden zur Verfügung, die beide mit den Fünf Elementen zu tun haben und sich perfekt ergänzen. Wenn Sie wissen, welcher Grundcharakter in Ihrem Kind angelegt ist, werden sowohl das tägliche Zusammenleben als auch die Gestaltung des Kinderzimmers mehr Freude bereiten und einfacher sein. Denn nun können Sie genau die Hilfsmittel, Farben und Accessoires wählen, die Ihr Kind braucht – und gleichzeitig wissen Sie bestimmte Verhaltensweisen Ihrer Jüngsten richtig zuzuordnen. Sie können die inneren Anlagen Ihres Kindes viel besser bestätigen und unterstützen. Dadurch wird sich Ihr Kind geliebt und verstanden fühlen und harmonischer und gesünder aufwachsen.

Die Anlagen erkennen

Zwei Wege bietet das Feng Shui an, um die individuellen Anlagen Ihres Kindes zu erkennen:

▶ Die »Neun Sterne«, die sich aus dem Geburtsdatum errechnen und den Grundcharakter anzeigen. Jeder Mensch ist unter einem dieser Sterne geboren, denen wiederum jeweils eines der fünf Elemente zugeordnet ist. Dieses prägt somit den Charakter in besonderer Weise.

Charakter und momentane Situation

▶ Die »Fünf Elemente«, die in jedem Menschen angelegt sind, allerdings unterschiedlich stark. Im Idealfall sollten wir in jeder Situation aus der angemessenen Elementequalität heraus reagieren. Sie können diese Fähigkeit im Kind fördern und die Elementekräfte ausbalancieren. Dazu analysieren Sie das Verhalten Ihres Kindes nach typischen Merkmalen der Fünf Elemente. So erfassen Sie vor allem seine momentane Lebenssituation.

Beginnen Sie also mit den Fünf Elementen, um zu erkennen, wo Ihr Kind gerade besondere Hilfe braucht. Weitere Anregungen finden Sie ab Seite 63 – dort erfahren Sie, wie Sie ein Ungleichgewicht ausgleichen und die positiven Eigenschaften Ihres Kindes fördern können.

Wie die Elemente das Verhalten prägen

Jedes Element kann in »reifer« oder »unreifer Form« erlebt werden. Es ist unsere Lebensaufgabe, alle Fünf Elemente zur reifen Form zu entwickeln. Eltern kommt die Aufgabe zu, dies zu unterstützen, dabei aber nicht das Kind verändern zu wollen.

Beobachten Sie Ihr Kind! ▶ Um die Elemente-Gewichtung Ihres Kindes zu erkennen, verfolgen Sie sein Verhalten aufmerksam. Nichts zeigt aussagekräftiger und unmittelbarer die Grundtendenz und den momentanen Zustand Ihres Kindes. Im Folgenden die wichtigsten Eigenschaften und Zuordnungen der Fünf Elemente in ihrem »gesunden« Zustand und in ihrer »gehemmten«, unreifen Version. Ob ein unausgewogenes Element zu stark oder zu schwach ausgeprägt ist, spiegelt oft die Gestaltung des Kinderzimmers wider (das Element herrscht vor oder fehlt ganz).

Holz-Energie

● Wenn der Holzaspekt in Ihrem Kind ausgewogen ist, dann erkennen Sie dies daran, daß Ihr Kind mit großem Forscher- oder Tatendrang gerne neue Dinge angeht, spontan, kreativ und abenteuerlustig ist, vor Ideen sprüht, häufig zu Streichen aufgelegt ist, sich gerne bewegt und dabei eine natürliche Fähigkeit zur Übersicht bewahrt.

Solche Kinder folgen einer klaren inneren Vorstellung. Daher führen sie auch gerne und selbstsicher ihre Kindergruppe an; wenn aber ein anderer eine bessere Idee hat, sind sie auch sofort bereit, begeistert mitzumachen. Bei Konfrontationen verteidigen sie mutig ihr Revier. Kinder mit harmonischer Holzenergie leben sehr körperbetont. Manchmal überrollen sie ihre Umgebung wie ein Wirbelsturm mit lebhaften, freudigen, aber gut koordinierten Bewegungen.

Holz symbolisiert Wachstum und die kreative Energie des Frühlings.

● Ist der Holzaspekt Ihres Kindes im Ungleichgewicht, verhält es sich möglicherweise etwas stur und »hölzern«. In diesem Zustand verträgt es Widerrede nur sehr schwer, eine andere Meinung wird gleich als Angriff gewertet. Aggressives Verhalten und Rückzug sind die wahrscheinliche Folge von Holzenergie im unreifen Zustand, oft auch der Wunsch, die anderen Kinder zu beherrschen. Ebenso könnte übermäßige Empfindlichkeit ein Hinweis auf ein unausgewogenes Holzelement sein: Egal was vorfällt, das Kind fühlt sich gleich schuldig, unabhängig davon, ob es etwas mit der Sache zu tun hat oder nicht. Schulter oder Nacken wirken verspannt, durch Nägelkauen wird die Aggression gegen sich selbst gerichtet. Insgesamt fehlt es dem Kind offensichtlich an Lebendigkeit, passiv und desinteressiert läßt es die Dinge um sich herum geschehen. Wenn es sich bewegt, dann wirkt es steif und unbeholfen – und auch im Leben verfügt es nur über eine beschränkte Flexibilität. Auf ein »Nein« reagiert es mit beleidigtem Schmollen oder mit dramatischen Gefühlsausbrüchen.

Die Qualitäten der reifen Energie schlagen im unausgewogenen Zustand ins Gegenteil um.

Feuer-Energie

● Kinder mit ausgewogener Feuerenergie sind wegen ihrer raschen Auffassungsgabe und ihrer begeisternden, mitreißenden Art äußerst beliebte Spielpartner. Sie motivieren andere zu Bestleistungen, und liebevoll kümmern sie sich auch um Schwächere. Sie wirken unkompliziert und fröhlich. Gleichzeitig strahlen sie ein hohes Maß an Sicherheit aus, das ihnen eine natürliche Autorität verleiht. Dadurch fühlen sie sich überall anerkannt und geliebt. Ihre lebhafte Art zeigt sich an einem wachen Gesichtsausdruck und einer »gesunden« Wangenfarbe.

Feuer symbolisiert Strahlkraft, Hitze, Intensität.

● Heftiges Schwitzen, sich in den Vordergrund drängen und ungeholtes Verhalten sind auffällige Zeichen dafür, daß die Feuerenergie im Kind noch ungebändigt lodert. Sprunghaft und unruhig wirken solche Kinder dann, begegnen Fremden zunächst mißtrauisch, häufig zeigen sich auch Sprach- oder Hörauffälligkeiten. Beim Spielen sind sie ungeduldig, besserwisserisch oder aufdringlich, daher werden sie von Gruppen immer wieder ausgeschlossen. Kinder mit unausgewogener Feuer-Energie neigen zu starken Stimmungsschwankungen und extremen Reaktionen.

Erd-Energie

● Kinder mit ausgewogener Erd-
energie sind sehr selbstsicher und
sorgen gut für sich und andere.
Sie drängen sich nicht vor, erhalten aber immer, was sie brauchen.
Wenn Freundschaften auch zunächst eine gewisse Anlaufzeit
benötigen, so sind diese Kinder
dennoch sehr beliebt und halten
treu zum anderen. Sie fördern die

Entstehung eines echten Gruppengefühls. Sie wirken sehr stabil und
sind mit der Welt zufrieden. Daher überstehen sie auch unruhige Zei-
ten leichter als andere Kinder. Sie kuscheln gerne und suchen den Körperkontakt, sind aber niemals fordernd. Beim Lernen und Spielen sind
sie sehr konzentriert bei der Sache. Sie sind Sammler von Eindrücken
und Erfahrungen und können Zusammenhänge gut erkennen.

Erde steht für Stabilität, Geduld und Sammlung.

● Kinder mit einem Ungleichgewicht in ihrem Erdelement ziehen sich
gerne in eine Scheinwelt zurück, zum Beispiel durch Lesen. Sie können
aber Informationen nicht so gut verarbeiten, was sie manchmal ver-
wirrt, und dadurch fehlt es ihnen an natürlicher innerer Ruhe. Alles
Neue und Fremde wirkt deshalb beunruhigend. Ihre Unsicherheit
macht sie oft aggressiv, übellaunig und unausgeglichen. Dadurch bekommen sie immerhin Aufmerksamkeit, denn sie brauchen andere für
Bestätigung und Zuneigung – manchmal versuchen sie es auch mit
übertriebener Fürsorglichkeit oder einschmeichelndem Verhalten. Sie
verfallen schnell in Selbstmitleid, fühlen sich oft übergangen und
haben nicht genügend Selbstwertgefühl. Sie können unbeholfen wirken, neigen zu blauen Flecken und sind auch anfällig für Übergewicht.
Sie neigen zum Naschen, oft auch zu Auffälligkeiten im Eßverhalten.

Metall-Energie

● Ein Kind mit ausgeglichener Metallenergie liebt Struktur, Ordnung
und Klarheit. Es widmet sich diszipliniert und eifrig den ihm zugeteil-
ten Aufgaben. Von allen »Elementen« durchschaut und analysiert es
intuitiv die Dinge am schnellsten und am tiefgründigsten. Es ist ein

kluges Kind. Es steht offen zu seinen Stärken und Schwächen und erwartet das auch von anderen. Es spürt sehr genau, wer oder was ihm guttut, und vermeidet, was nicht so gut paßt. Dabei geht es stets diplomatisch und gefühlvoll vor. Gerechtigkeit, Pflichterfüllung und Ehrlichkeit sind ihm sehr wichtig. Das musikalische Rhythmusgefühl ist gut ausgeprägt.

Metall symbolisiert Klarheit und Struktur.

● Kinder mit einer unausgewogenen Metallenergie ziehen sich oft zurück, sie wirken blockiert, sind kontaktscheu, und nicht selten geben sie sich seufzend ihrer niedergeschlagenen Stimmung hin. Ein Metallkind braucht extrem viel Ruhe, jede äußere Veränderung ist ihm ein Greuel. Es braucht einen klaren Orientierungsrahmen, also viel Struktur, um von sich selbst nicht mehr zu fordern als notwendig. Seine Ideale und Ansprüche sind so hoch gesteckt, daß es sie nie erreichen kann. Daher wird auch selten etwas zu Ende gebracht. Der Mangel an innerer Sicherheit wird kompensiert, indem fremde Wertvorstellungen übernommen werden, aber auch durch extremen Reinlichkeits- oder Ordnungssinn. Freunde üben auf das unausgewogene Metallkind oft einen beherrschenden Einfluß aus, dem es sich nicht entziehen kann. Hilfreich gemeinte Annäherungsversuche anderer Kinder werden dagegen nicht angenommen. Gelerntes kann das Kind berechnend einsetzen, durchaus auch, um andere auszunutzen. Das häufig als verhaltensauffällig empfundene, unausgewogene Metallkind überschreitet immer wieder die Grenzen anderer Menschen.

Wasser-Energie

● Bei harmonischer Wasserenergie ist das Kind wie ein Fluß in seinem Bett: angepaßt, geduldig, beharrlich, konsequent. Ruhig und ernsthaft kann es sich selbst beschäftigen, zurückgezogen wartet es auf den richtigen Augenblick zum Handeln. Dann aber wird mutig und beherzt eingegriffen. Wasserkinder wissen nur allzu genau um ihre Stärken und Schwächen. Auffallen zu müssen ist ihnen unangenehm. Prahlerei haben sie nicht nötig, viel lieber verblüffen sie die Erwachsenen mit überraschend eingestreuten Kostproben ihres Wissens. Schon früh erzählt man dem so verständnisvoll und aufgeschlossen wirkenden Wasserkind mehr als anderen Kindern – Geheimnisse behält es für sich. Wie das Wasser im Becken sammelt es selbst gerne Wissen an. Lesen und komplizierte Dinge auszutüfteln, liebt es daher über alles. Es hat viel Ausdauer. Wasserkinder können leicht entspannen, sie schlafen gut und können sich bei Körperkontakt völlig fallenlassen. Sie sind mit einem großen Urvertrauen beschenkt.

● Sollte Ihr Kind ein Ungleichgewicht seiner Wasserenergie haben, erkennen Sie das an seinem mangelnden Selbstbewußtsein und seinem Zweifel an den eigenen Ideen und Idealen. Es fehlt ihm an Beständigkeit, Mut und Vertrauen in die eigenen Bedürfnisse und die eigene Stärke. Bei Problemen wird es sich daher nicht mit Rückgrat für eine Sache einsetzen, sondern versuchen, auf indirektem Wege

ans Ziel zu gelangen. Da es sich ständig an andere anpassen möchte, schwankt auch seine Meinung sehr schnell – man weiß nie so richtig, wie man mit ihm dran ist. Solche Kinder wirken sehr introvertiert, sind häufig verzagt und schwermütig. Sie sind schnell »angerührt«, und vieles nervt sie. Tiefe Gefühle werden kaum gezeigt, auch die Zuwendung an andere bleibt oberflächlich. Häufig halten sie an Vergangenem fest, mit Veränderungen in ihrer Umgebung kommen sie nur schwer zurecht.

Wasserenergie ist fließend, ruhig, konsequent.

Jedes Kind ist einzigartig

Nicht in »Schubladen« denken!

Kein Kind gleicht dem anderen, und außerdem zeigen sich in jedem Kind die unterschiedlichsten Symptome mehrerer Elemente. Dies ist normal und auch richtig so, schließlich sollte ja jeder Mensch in seinem Leben alle Fünf Elemente in einem ausgewogenen Ausmaß leben. Als Erwachsene haben wir vieles durch Erziehung und Erfahrung »gelernt« und uns angeeignet. Aber ein Kind erlebt die Dinge zunächst

Elemente-Test

Die folgenden Schlüsselfragen können Ihnen helfen, die Ausprägung der Elementequalität noch besser zu erkennen. Je mehr Punkte Sie eindeutig mit »Ja« beantworten können, desto reifer ist das Element in Ihrem Kind veranlagt. Je häufiger Sie bei einem Element zu »Nein« tendieren, desto mehr Unterstützung braucht Ihr Kind, um dieses besser zu integrieren. Manche Fragen werden Sie gar nicht so eindeutig beantworten können – dann steht dieses Thema vermutlich auch nicht im Vordergrund.
Es geht in diesem Test nicht darum, Ihr Kind »zuzuordnen«. In erster Linie soll er Themen deutlich machen und Sie anregen, Ihr Kind bewußter wahrzunehmen. Anhand der Fragen ergibt sich nicht unbedingt gleich ein klares Bild, meist entsteht eher ein Gefühl für die Persönlichkeit und für die anstehenden Lern- und Entwicklungschancen.

HOLZ
Ja Nein

Interessiert sich Ihr Kind für neue Spiele, und hat es selbst auch eigene (Spiel-) Ideen? ☐ ☐

Beteiligt sich Ihr Kind aktiv an Gemeinschaftsereignissen und -spielen? ☐ ☐

Kann sich Ihr Kind auf Vorschläge anderer Kinder, auf neue Situationen und neue Spielkameraden gut einstellen? ☐ ☐

Findet Ihr Kind ausreichend Raum für Bewegung und für kreatives Experimentieren? ☐ ☐

Drückt Ihr Kind Ärger und Frustration genügend aus? ☐ ☐

FEUER

(Er)lebt Ihr Kind sehr viel Freude und Spaß? ☐ ☐

Kann Ihr Kind klar und direkt mit anderen kommunizieren? ☐ ☐

Ja Nein

Kann sich Ihr Kind für verschiedenste Dinge ausgesprochen begeistern? ☐ ☐

Kann Ihr Kind Herzenswärme und Zuneigung geben und annehmen? ☐ ☐

Bringt sich Ihr Kind aktiv in Ihre Beziehung ein? ☐ ☐

ERDE

Bleibt Ihr Kind auch in schwierigen Situationen zentriert und geerdet? ☐ ☐

Kann Ihr Kind seinen Standpunkt/seine Position vertreten, ohne sich verdrängen zu lassen? ☐ ☐

Widmet sich Ihr Kind dem, was es tut, mit voller Aufmerksamkeit? ☐ ☐

Lebt es in einem Umfeld, das ihm genügend Schutz und Geborgenheit bietet? ☐ ☐

Wird die Meinung des Kindes ausreichend gewürdigt und anerkannt? ☐ ☐

METALL
Ja Nein

Ordnung und Struktur sind ein natürliches Bedürfnis Ihres Kindes? ☐ ☐

Kann es Zusammenhänge gut durchschauen? ☐ ☐

Schwächen und Andersartigkeit anderer Menschen kann Ihr Kind gut akzeptieren? ☐ ☐

Ihr Kind hat ein gutes musikalisches Taktgefühl? Und auch im Umgang mit anderen Menschen verhält es sich taktvoll und achtet deren persönliche Grenzen? ☐ ☐

Ihr Kind ist sehr ehrlich und pflichtbewußt? ☐ ☐

WASSER

Kann Ihr Kind sich gut entspannen und auch mal »still« sein? ☐ ☐

Scheint Ihr Kind manchmal Momente tieferer innerer Einsicht zu erleben, treffen Sie es in Selbstgespräche versunken vor? ☐ ☐

Ihr Kind hat ein gutes Gespür für den »richtigen Augenblick« und greift dann mutig ein? ☐ ☐

Ihr Kind kann gut zuhören? ☐ ☐

Wie geht Ihr Kind mit neuen Situationen um – probiert es gerne mal etwas Neues aus? ☐ ☐

hauptsächlich anlagebedingt, das heißt, Kinder agieren und reagieren weniger über den »Filter« des Bewußtseins.

Aus einem Ungleichgewicht entstehen Einseitigkeit und Mangel. In Kindheit und Jugend werden wertvolle Lebenserfahrungen gesammelt, die für die weitere Entwicklung sehr wichtig sind. Starke Defizite oder Ungleichgewichte führen zu Problemen für das Kind. Denn nun wird das Leben einseitig von diesem Problem überlagert und geprägt. Die Folge: Die natürliche Entwicklung und das ausgewogene Erleben aller wichtigen Facetten des Lebens werden behindert, es entsteht Einseitigkeit, Mangel oder sogar Isolierung.

Reagiert nun die Umwelt falsch – was sie meist tut –, wenn also Eltern, Lehrer und nahestehende Bezugspersonen zu stark auf das einseitige Verhalten reagieren, wird das Kind noch tiefer in sein Ungleichgewicht hineingedrängt. Es kann nur sehr schwer – oder gar nicht – aus dieser Rolle heraus, die Entwicklung nimmt einen anderen Weg, als sie nehmen könnte, und wahrscheinlich werden die Jugendjahre dadurch unnötig zur Qual.

Liebevoll für Ausgleich sorgen Hier als Erwachsener den Überblick zu behalten und auf liebevolle Weise dem Kind zum Ausgleich zu verhelfen kann seinem Leben eine völlig neue Wendung geben. Durch die »elementerichtige« Gestaltung des Kinderzimmers, durch bewußteren Umgang mit dem Kind und gezielte Förderung im Spiel können Sie viel für diesen Ausgleich tun (Tips und Anregungen finden Sie in den folgenden Kapiteln).

Das Verhalten in der Gruppe macht deutlich sichtbar, wo ein Kind besonderer Unterstützung bedarf.

Das Neun-Sterne-Ki

Chinesische
Variante der
Astrologie Jedes Kind »klinkt« sich zum Zeitpunkt seiner Geburt in kosmische Energierhythmen ein, die für sein Schicksal ein Leben lang bestimmend sein werden und die individuellen Anlagen prägen. Die »Neun Sterne« geben Auskunft über den Grundcharakter, über Stärken und Schwächen, und sie zeigen beispielsweise auch, welche versteckten Tendenzen in einem Menschen schlummern.

Diese chinesische Variante der Astrologie kann helfen, Ihr Kind besser zu verstehen, seine inneren Anlagen gezielt zu fördern und schwierige Eigenschaften gefühlvoll zu lenken, statt blindlings herumzuexperimentieren. Indem Sie die innere energetische Natur Ihres Kindes kennen und ein Umfeld schaffen, das diesem Naturell entspricht, bereiten Sie einen gesunden Boden, auf dem Ihr Kind gut gedeiht und sich seinen Anlagen gemäß entwickeln kann.

Die dreiteilige »Neun-Sterne-Ki«-Zahl

Betrachtet werden neun verschiedene Energien (»Sterne«), denen bestimmte Eigenschaften und Qualitäten zugeordnet werden. Um festzustellen, welche Energien einen Menschen durch das Leben begleiten, wird aus dem Geburtsdatum eine dreiteilige »Neun-Sterne-Ki«-Zahl ermittelt. Bei Erwachsenen steht die erste (»äußere«) Zahl für das soziale Verhalten und das Handeln nach außen, die zweite (»innere«) Zahl beschreibt das innere Wesen und die charakterlichen Anlagen des Menschen, und die dritte (»energetische«) Zahl gibt Auskunft über das spontane Verhalten und über Lebensstrategien. Drei Energiequalitäten
prägen ein
Leben

Da Kinder viele Anlagen erst entwickeln und zur Reife bringen müssen, ist im Alter von 0 bis etwa 18 Jahren hauptsächlich die zweite Zahl entscheidend. Diese wird auch als »Kinderzahl« bezeichnet. In der Tabelle auf Seite 32/33 finden Sie die Kinderzahl jeweils in der Mitte der dreiteiligen Neun-Sterne-Zahl.

Die Kinder- oder Innere Zahl

Die
»Heimat-
energie« Diese Zahl gibt Auskunft darüber, »woher jemand kommt«, also über die tiefsten inneren Strukturen. Bis etwa 18 Jahre ist im heranwachsenden Kind die Energie der Inneren Zahl am stärksten wirksam. In diesem Zeitraum ist es noch sehr von anderen abhängig und hat noch

Das Neun-
Sterne-Ki
hilft Ihnen,
Ihr Kind
besser zu
verstehen
und seine
Anlagen
gezielt zu
fördern.

nicht ausreichend Kontrolle über die eigenen Lebensumstände. Die
Art, wie wir auf andere reagieren und mit ihnen interagieren, ist also in
der Kindheit und Jugend vorwiegend von den Qualitäten geprägt, welche die Innere (»Kinder«-) Zahl symbolisiert.

Weist etwa die äußere Zahl eine ganz andere Energie aus als die Kinderzahl, wird sich das Verhalten und das gesamte Leben stark verändern, wenn Jugendliche ins Erwachsenenleben hinüberwachsen. Dann
kann beispielsweise aus einem ruhigen und verinnerlichten »1-Was-
ser«-Kind ein im Auftreten und Handeln dynamischer und extrover-
tierter »9-Feuer«-Erwachsener werden. Konnte sein inneres »Wasser«-
Wesen in der Kindheit genügend reifen, wird er als Erwachsener auf
diesem Fundament auch seine andere Seite ausgewogen leben können.

Von der
Inneren
zur Äuße-
ren Zahl

»Element« oder »Stern«?

Aktuelles
überdeckt
manchmal
das innere
Wesen.

Auch wenn aus dem Verhalten des Kindes ein bestimmtes Problem-
Element (Seite 28) hervorsticht, sollten Sie, bevor Sie irgendwelche
Maßnahmen ergreifen, zunächst die Kinderzahl des Neun-Sterne-Ki
ermitteln. Diese spiegelt die von Geburt an veranlagte innere Tendenz
des Kindes wider. Vielleicht durchläuft Ihr Kind momentan eine
schwierige Phase, weil es zum Beispiel in der Schule nicht so gut klappt
oder weil die Beziehung der Eltern in einer ernsthaften Krise steckt.

Für Mädchen und Jungen gibt es jeweils eine eigene Tabelle. Denn nach dem Prinzip von Yin und Yang verlaufen die Energierhythmen für Mann und Frau nicht identisch, sondern gegenläufig.

Neun Sterne für Mädchen

GEBURTSJAHR UND ÄUSSERE ZAHL

Folgen Sie der Spalte, in der Sie das Geburtsjahr finden, nach unten – und Sie finden die dreiteilige Neun-Sterne-Ki-Zahl.	1950	1951	1952*	1953	1954	1955	1956*	1957	1958
	1959	1960*	1961	1962	1963	1964*	1965	1966	1967
	1968*	1969	1970	1971	1972*	1973	1974	1975	1976*
	1977	1978	1979	1980*	1981	1982	1983	1984	1985
	1986	1987	1988	1989	1990	1991	1992	1993	1994
	1995	1996	1997	1998	1999	2000	2001	2002	2003
	2004	2005	2006	2007	2008	2009	2010	2011	2012
	2013	2014	2015	2016	2017	2018	2019	2020	2021
Äußere Zahl	**1**	**2**	**3**	**4**	**5**	**6**	**7**	**8**	**9**
Element	Wasser	Erde	Holz	Holz	Erde	Metall	Metall	Erde	Feuer

GEBURTSMONAT UND -TAG: DIE DREITEILIGE NEUN-STERNE-KI-ZAHL
Die mittlere Zahl ist die Kinderzahl.

4.2. bis 5.3.	1·7·8	2·4·3	3·1·7	4·7·2	5·4·6	6·1·1	7·7·5	8·4·9	9·1·4
6.3. bis 4.4.	1·8·7	2·5·2	3·2·6	4·8·1	5·5·5	6·2·9	7·8·4	8·5·8	9·2·3
5.4. bis 5.5.	1·9·6	2·6·1	3·3·5	4·9·9	5·6·4	6·3·8	7·9·3	8·6·7	9·3·2
6.5. bis 5.6.	1·1·5	2·7·9	3·4·4	4·1·8	5·7·3	6·4·7	7·1·2	8·7·6	9·4·1
6.6. bis 7.7.	1·2·4	2·8·8	3·5·3	4·2·7	5·8·2	6·5·6	7·2·1	8·8·5	9·5·9
8.7. bis 7.8.	1·3·3	2·9·7	3·6·2	4·3·6	5·9·1	6·6·5	7·3·9	8·9·4	9·6·8
8.8. bis 7.9.	1·4·2	2·1·6	3·7·1	4·4·5	5·1·9	6·7·4	7·4·8	8·1·3	9·7·7
8.9. bis 8.10.	1·5·1	2·2·5	3·8·9	4·5·4	5·2·8	6·8·3	7·5·7	8·2·2	9·8·6
9.10. bis 7.11.	1·6·9	2·3·4	3·9·8	4·6·3	5·3·7	6·9·2	7·6·6	8·3·1	9·9·5
8.11. bis 7.12.	1·7·8	2·4·3	3·1·7	4·7·2	5·4·6	6·1·1	7·7·5	8·4·9	9·1·4
8.12. bis 5.1.	1·8·7	2·5·2	3·2·6	4·8·1	5·5·5	6·2·9	7·8·4	8·5·8	9·2·3
6.1. bis 3.2.	1·9·6	2·6·1	3·3·5	4·9·9	5·6·4	6·3·8	7·9·3	8·6·7	9·3·2

Neun Sterne für Jungen

GEBURTSJAHR UND ÄUSSERE ZAHL

Folgen Sie der Spalte, in der Sie das Geburtsjahr finden, nach unten – und Sie finden die dreiteilige Neun-Sterne-Ki-Zahl.								
1955	1956*	1957	1958	1959	1960*	1961	1962	1963
1964*	1965	1966	1967	1968*	1969	1970	1971	1972*
1973	1974	1975	1976*	1977	1978	1979	1980*	1981
1982	1983	1984	1985	1986	1987	1988	1989	1990
1991	1992	1993	1994	1995	1996	1997	1998	1999
2000	2001	2002	2003	2004	2005	2006	2007	2008
2009	2010	2011	2012	2013	2014	2015	2016	2017
2018	2019	2020	2021	2022	2023	2024	2025	2026

Äußere Zahl	**9**	**8**	**7**	**6**	**5**	**4**	**3**	**2**	**1**
Element	Feuer	Erde	Metall	Metall	Erde	Holz	Holz	Erde	Wasser

GEBURTSMONAT UND -TAG: DIE DREITEILIGE NEUN-STERNE-KI-ZAHL
Die mittlere Zahl ist die Kinderzahl.

4.2. bis 5.3.	9·5·9	8·2·2	7·8·4	6·5·6	5·2·8	4·8·1	3·5·3	2·2·5	1·8·7
6.3. bis 4.4.	9·4·1	8·1·3	7·7·5	6·4·7	5·1·9	4·7·2	3·4·4	2·1·6	1·7·8
5.4. bis 5.5.	9·3·2	8·9·4	7·6·6	6·3·8	5·9·1	4·6·3	3·3·5	2·9·7	1·6·9
6.5. bis 5.6.	9·2·3	8·8·5	7·5·7	6·2·9	5·8·2	4·5·4	3·2·6	2·8·8	1·5·1
6.6. bis 7.7.	9·1·4	8·7·6	7·4·8	6·1·1	5·7·3	4·4·5	3·1·7	2·7·9	1·4·2
8.7. bis 7.8.	9·9·5	8·6·7	7·3·9	6·9·2	5·6·4	4·3·6	3·9·8	2·6·1	1·3·3
8.8. bis 7.9.	9·8·6	8·5·8	7·2·1	6·8·3	5·5·5	4·2·7	3·8·9	2·5·2	1·2·4
8.9. bis 8.10.	9·7·7	8·4·9	7·1·2	6·7·4	5·4·6	4·1·8	3·7·1	2·4·3	1·1·5
9.10. bis 7.11.	9·6·8	8·3·1	7·9·3	6·6·5	5·3·7	4·9·9	3·6·2	2·3·4	1·9·6
8.11. bis 7.12.	9·5·9	8·2·2	7·8·4	6·5·6	5·2·8	4·8·1	3·5·3	2·2·5	1·8·7
8.12. bis 5.1.	9·4·1	8·1·3	7·7·5	6·4·7	5·1·9	4·7·2	3·4·4	2·1·6	1·7·8
6.1. bis 3.2.	9·3·2	8·9·4	7·6·6	6·3·8	5·9·1	4·6·3	3·3·5	2·9·7	1·6·9

Der chinesische Kalender beginnt zumeist am 4. Februar. * Sternchen markieren die Jahre, die am 5.2. beginnen. Der Zeitraum vom 1.1. bis 3./4.2. gehört also noch zum Vorjahr. Wer zum Beispiel am 4.2.1968 geboren ist, zählt noch zum Jahrgang 1967.

Lassen Sie sich dann von dem rein äußerlichen Verhalten nicht über die innere Natur hinwegtäuschen. Denn vorübergehend kann die innere Anlage von einem anderen Element überlagert werden.

▶ Für Sie bedeutet dies nun, daß Sie trotz aller gerade anstehenden Probleme nicht das innere Wesen Ihres Kindes aus den Augen verlieren dürfen. Reagieren Sie angemessen auf die momentane Situation (Maßnahmen siehe ab Seite 63), und steuern Sie, sobald sich alles einigermaßen eingerenkt hat, wieder auf die ursprüngliche Energie der Kinderzahl zu. Diese innere Energie ist das Fundament der Persönlichkeit Ihres Kindes und sollte immer ausreichend genährt werden. So wie ein Schiff einen Heimathafen hat, in den es immer wieder zurückkehrt, so spiegelt die Kinderzahl die Heimatenergie des Kindes.

In jedem Verhalten stecken besondere Qualitäten und Bedürfnisse – werden sie von den Eltern gewürdigt, stärkt das das Kind.

Die Charakterbilder der Neun Sterne

Eins – »Bewegtes Wasser«

Ein Kind mit der Kinderzahl Eins wirkt zurückgezogen, ruhig, manchmal sogar schüchtern. Gedanken und Gefühle werden nicht an die große Glocke gehängt, sondern für sich behalten. Aber dennoch sind Einser-Kinder innerlich hochaktiv – Entscheidungen kommen daher für andere oft überraschend. Unter Druck lassen sie sich manchmal zu Handlungen verführen, die sie später bereuen. Von einem Einser geht eine gewisse Magie aus, er ist charmant und durchaus auch lebhaft in seinem Auftreten. Das Einser-Kind hat eine gute Intuition und eine ausgeprägte soziale Ader.

Element: Wasser

Zwei – »Erde«

Zweier-Kinder sind verläßlich, hingebungsvoll bei allem, was sie tun. Anderen helfen zu können tut ihnen gut und gibt ihnen das

Element: Erde

Gefühl, gebraucht zu werden. Dabei vergessen sie aber allzuleicht sich selbst. Da sie nicht sehr selbstbewußt sind, kann heftige Kritik vieles in ihnen zerstören, und sie werden noch unsicherer. Dann ziehen sie sich ermattet zurück, auch depressive Gefühle könnten sich einstellen. Zweier sind keine besonders innovativen oder trendbewußten Kinder. Lieber umgeben sie sich mit altbekannten und vertrauten Dingen.

Drei – »Donner«

Element: Holz Immer aktiv und in Bewegung, das sind Dreier-Kinder. Denken und Handeln sind innovativ und zukunftsorientiert. Sie sind äußerst ideenreich und erfinderisch, aber mit der Umsetzung tun sie sich manchmal schwer – auch deshalb, weil sie gerne zu vieles gleichzeitig machen. Ihre Abenteuerlust und impulsive Natur steckt andere an. Geht es Dreier-Kindern gut, geht es auch der Umgebung gut, aber umgekehrt hat ihre schlechte Stimmung auch starken Einfluß auf andere. Niederlagen nehmen sie meist sehr persönlich, auch wenn es sie gar nicht unmittelbar betrifft. Aber ihr Ärger löst sich meist schnell wieder auf.

Vier – »Wind«

Wechselhaft und gleichzeitig äußerst anpassungsfähig sind Vierer-Kinder. Ein bißchen chaotisch, sprunghaft und launisch mögen sie erscheinen, aber das gleichen sie durch ihre hingebungsvolle und liebevolle Art wieder aus. Sie wollen geachtet und gelobt werden und holen sich Selbstwertgefühl, indem sie anderen helfen. Für Umgebungseinflüsse sind sie äußerst sensibel. Ihre besondere Gabe ist Vertrauen und Offenheit. Dadurch führen sie ein sehr reiches Leben, sie müssen aber darauf achten, nicht ausgenutzt zu werden. Vierer können, wenn sie etwas sehr fesselt, eine einmal begonnene Sache trotz ihrer sprunghaften Art sehr beharrlich bis zum Abschluß verfolgen. **Element: Holz**

Fünf – »Erde«/Zentrum

Element: Erde Ein Fünfer-Kind hat einen inneren Drang, »im Mittelpunkt zu stehen« und zu kontrollieren. Das kann auf andere dreist und fordernd wirken, ist aber nicht so gemeint. Das Kind will nur, daß seine »natürliche« Stellung anerkannt wird. Fünfer-Kinder sind stark und beharrlich, und sie haben die Fähigkeit, sich selbst zu schützen. Ihr Leben neigt zu

Extremen, aller Durchschnitt ist ihnen fremd. Aus Fehlern lernen sie schnell, auch Niederlagen stecken sie rasch weg. Ihre Meinung über sich selbst ist sehr hoch, Kritik mögen sie aber nicht. Obwohl sie selbst gerne im Mittelpunkt stehen, sind sie auch gerne für andere da. Schon in jungen Jahren werden ihr Rat und ihre Meinung geachtet.

Sechs – »Himmel«

Element:
Metall

Sechser-Kinder lieben es geradlinig und direkt, haben dabei eine ausgeprägte Intuition. Sie stehen mit beiden Beinen fest auf dem Boden, sind charakterstark, agieren logisch und ethisch und lassen sich auf keine halben Sachen ein. Wegen ihrer festen Vorstellungen reagieren sie manchmal ein bißchen unflexibel. Ihre klare und unmittelbare Art macht sie zur Führungsfigur. Von sich und anderen fordern sie viel, und sie sind sehr stolz auf das, was sie tun. Kritik trifft sie ungewöhnlich stark. Pläne halten sie meist geheim, um Verletzungen und Enttäuschungen zu vermeiden; sie erscheinen daher oft in sich gekehrt.

Sieben – »See«

Das fröhlichste und witzigste Naturell haben Siebener-Kinder. Sie sind der personifizierte Spaß, brauchen Dynamik, Abwechslung und den Austausch mit vielen anderen Menschen. Sie sind Freigeister, anpassungsfähig und unkompliziert. Bei öffentlichen Aktionen oder Auftritten wirken sie sehr überzeugend. Aber auch Zuhören und anderen Mut-Machen ist eine große Stärke der Siebener-Kinder. Sie können dem anderen zeigen, wie wichtig er ist. Sie sind sehr geduldig. In ihrer Gegenwart erscheinen selbst unangenehme Situationen harmloser und harmonischer. Siebener schöpfen intuitiv aus dem Wissen ihrer Familie und der Vorfahren.

Element:
Metall

Acht – »Berg«

Element:
Erde

Harte Schale – weicher Kern: Am stillsten von allen präsentiert sich das Achter-Kind. Es braucht viel Privatsphäre und ist auch in der Kommunikation sehr zurückhaltend. Um sich auszudrücken, braucht es ein Ventil, beispielsweise Musik, Spiel, künstlerische Betätigung oder Arbeit. Nach außen wirken Achter-Kinder ruhig, gelassen und stabil. Wenn sie sich eine Aufgabe in den Kopf setzen, dann konzentrieren sie ihre gesamte Aufmerksamkeit darauf und erledigen sie meist selbständig und allein. Manchmal kann es aber auch aus ihnen herausbrechen, dann sind sie impulsiv und energiegeladen, streben nach Freiheit und Abenteuer.

Neun – »Feuer«

Element: Feuer

Ein besonders strahlendes und lebhaftes Kind ist der Neuner. Sehr offen und herzlich begegnet es anderen. Seine übersprudelnde Persönlichkeit wirkt inspirierend und sorgt für eine heitere Stimmung. Wenn aber Stolz, Egoismus oder Selbstgefälligkeit dazukommen, schlägt die gute Energie schnell um und der beliebte Neuner fühlt sich isoliert. Neuner handeln oft sehr spontan, manchmal ohne die Konsequenzen zu bedenken. Auch wenn sie etwas vorschlagen oder anregen, sind die Folgen nicht immer durchdacht. Ein Neuner-Kind lebt ganz im Augenblick. Seine glänzende Ausstrahlung beeinflußt andere, auch seine oft geniale Art, seine Großzügigkeit und seine Fähigkeit zur Hingabe machen ein Neuner-Kind zu einer Persönlichkeit, die man nicht übersieht.

Akzeptieren Sie Ihr Kind so, wie es ist, und unterstützen Sie es bei der Selbstentfaltung.

Die Anlagen liebevoll unterstützen

Einen wesensgemäßen Lebensrahmen schaffen

Kein Element ist besser oder schlechter als ein anderes. Versuchen Sie nicht, Ihr Kind so umzuformen, wie es Ihrem persönlichen Idealbild entspricht. Jedes Wesen ist einzigartig, und es hat seinen Sinn, daß Ihr Kind genau diese Anlagen mitbekommen hat. Nähren und unterstützen Sie Ihr Kind bei der Entfaltung dieser Anlagen, und zeigen Sie ihm dadurch, wie sehr Sie es als perfektes Wesen im Sinne der höheren Ordnung schätzen. Lieben und akzeptieren Sie Ihr Kind, so wie es ist, und schaffen Sie ihm einen wesensgemäßen Lebensrahmen – dann wird sowohl Ihre Beziehung zu ihm als auch seine persönliche Entwicklung viel Anlaß zur Freude geben.

Freiräume & Spielräume schaffen

Das Kinderzimmer ist ein Allzweckraum: Er dient zum Spielen, Träumen, Sichverstecken, zum Schlafen, Lernen und Musikhören, hier werden Freunde empfangen, Kissenschlachten ausgetragen ... und hierher kann das Kind sich zurückziehen, wenn die Stimmung mal nicht so toll ist. Ein gutes Kinderzimmer sollte daher genügend Freiraum zum Spielen bieten und zugleich schön behaglich sein.
Eine Gestaltung, die zudem ausgleichend auf die Fünf Elemente wirkt, ist die beste Voraussetzung für eine harmonische Entwicklung des Kindes.

Die Basis: kindgemäß einrichten

Wichtig: ein eigener Raum

Es ist einfach praktisch, das Kind in den ersten Lebensmonaten bei sich im Elternschlafzimmer zu haben. In dieser Zeit braucht der Säugling besonders viel Aufmerksamkeit und Zuwendung – eigentlich kann der emotionale und auch der körperliche Kontakt gar nicht intensiv genug sein. Allzulange sollten Sie Ihr Kind aber nicht in Ihrem Schlafzimmer lassen. Zum einen steht nach der erschöpfenden ersten Zeit mit dem Kind nun auch den Eltern wieder ein bißchen Privatsphäre und intime Zweisamkeit zu (Seite 92). Und auch dem Kind tut ein erster, sanfter Abnabelungsschritt gut:

Ein eigener Raum schafft bereits in jungen Jahren die (noch unbewußte) Erfahrung, daß das Kind als eigenständiges Wesen mit eigenen Bedürfnissen anerkannt wird. Das »eigene Revier«, selbst wenn Mutter oder Vater anfangs noch häufig im Raum sein werden, kann die Eigenidentität und den Selbstwert des heranwachsenden Wesens stärken.

Erste sanfte Abnabelung nach der Säuglingszeit

Förderung des Selbstwertgefühls

Welches Zimmer darf's denn sein?

Nicht jeder Raum eignet sich als Kinderzimmer.

▶ In unseren Breiten sollte das Kinderzimmer der hellste Raum mit dem meisten Sonnenlicht sein. Da das Wachsen dem Yang zugeordnet ist (Seite 17) und ein Kind sehr viel Yang-Energie für seine Entwicklung braucht, tut ihm ein heller, yangiger Raum besonders gut. Ein nordseitiges Kinderzimmer oder eines, dem etwa durch ein Nachbargebäude oder allzu dichte Gartenbepflanzung die Sonne fehlt, wäre daher als Kinderzimmer eher ungeeignet. Läßt sich das nicht ändern, sollten Sie durch aktivere Farbgestaltung, gute Beleuchtung und aktivierende Hilfsmittel (Seite 64) für genügend Yang-Energien sorgen. (Siehe auch Bagua, Seite 55.)

▶ Da Ihr Kind in seinem Zimmer nicht nur schlafen, sondern auch tagsüber viel Zeit verbringen wird, sollte der Raum ausreichend groß sein. Schaffen Sie Ihrem Kind genügend Bewegungsraum, geben Sie ihm also das größere der Schlafzimmer.

Viel Licht ist wichtig

... und viel Raum für Bewegung

Das ideale Kinderzimmer ist hell, läßt Raum für Kreativität und bietet genügend Möglichkeit zum Spielen, Lernen und Herumtoben.

▶ Der Raum soll dem Kind Sicherheit vermitteln, deshalb ist eine Tür mit Glaseinsatz ungeschickt: Sie läßt das Flurlicht ins Zimmer scheinen, und das kann stören. Sollte sich Ihr Kind ein Einschlaflicht wünschen, reicht die halbgeöffnete Tür oder ein (möglichst schwaches) »Schlummerlicht« im Zimmer. Störungen von außen werden zwar von kleineren Kindern noch nicht kritisiert, aber besonders sensible Kinder entwickeln unbewußt die Empfindung, daß man mit ihnen verfahren kann, wie es gerade beliebt – Licht aus, Licht an … Problematisch sind auch Durchgangszimmer. Hier sollte das Bett an einem ausgesprochen »stabilen«, also gut abgeschotteten Platz stehen (Seite 48).

Glastüren und Durchgangszimmer beeinträchtigen Geborgenheit und notwendige Abgrenzung.

Möbel für Kinder

Kinder spüren intuitiv, was gut für sie ist. Die Kinderzimmergestaltung sollte diese intuitiven Bedürfnisse unterstützen.

▶ Kinder wachsen sehr schnell, und auch ihre Persönlichkeit verändert sich manchmal rasch. Die ideale Einrichtung und Raumgestaltung nimmt darauf Rücksicht, indem sie durch Beweglichkeit und freie Wände genügend Veränderungsmöglichkeiten zuläßt.

▶ Möbel sollten leicht im Raum verschoben werden können. Einbauschränke sind zu unbeweglich und entsprechen nicht dem kindlich-dynamischen Gemüt.

▶ Alte Möbel mit viel Geschichte haben im Kinderzimmer

Flexibilität ist das Wichtigste

nichts zu suchen. Denn alles Alte und Schwere steht im krassen Gegensatz zum zarten und zerbrechlichen Wesen des Kindes.

Wuchtige Möbel entfernen
▶ Steht ein schwerer Schrank unmittelbar neben dem Bett, kann dies unbewußt als Bedrängnis empfunden werden, was den normalen Bewegungsausdruck und die gesunde Entfaltung des Kindes ungünstig beeinflussen kann. Solche »eingesperrten« Kinder neigen häufig zu abrupten Aggressionsanfällen, auch Knochenbrüche des »gegen eine unsichtbare Begrenzung ankämpfenden« Kindes sind nicht selten. Am besten, Sie entfernen allzu wuchtige Schränke aus dem Kinderzimmer. Oder Sie rücken schwere Möbel zumindest mehr als einen Meter vom Bett weg.
▶ Mehr zum Bett ab Seite 46, zum Lernplatz auf Seite 53.

WICHTIG

Der optimale Grundriß

Ein harmonischer Grundriß gilt als ideal: Rechteckig oder quadratisch sollte der Raum sein, diese Formen geben dem Kind einen klar strukturierten Bezugsrahmen. Recht verschachtelte oder irgendwie unübersichtliche Räume mit versteckten Nischen führen, wie die Beobachtung gezeigt hat, dazu, daß manche Lebensbereiche (siehe Bagua, Seite 55) vernachlässigt oder ausgegrenzt werden.

Die Gestaltung

Sobald Ihr Kind alt genug ist (und nicht irgendwelche gravierenden Probleme vorliegen), sollten Sie es bei der Gestaltung mitentscheiden lassen. Unsere »erwachsenen« Vorstellungen sind nicht immer das, was ein Kind wirklich braucht. Wenn sich das Kind selbst einbringen kann, wird es sich besser mit dem Raum identifizieren, und es wird daran auch lernen, Entscheidungen zu treffen und mit den Konsequenzen umzugehen.

Das Kind mit einbeziehen

Farbenvielfalt

Wie schon gesagt: Morgen kann überholt sein, was heute noch gilt. Rechnen Sie daher damit, die Farben des Kinderzimmers alle zwei Jahre zu verändern.
▶ Im Spielbereich sollten leuchtende, fröhliche Farben überwiegen. Ausnahme: Wenn Ihr Kind hyperaktiv und ausgesprochen unruhig ist, verzichten Sie auf stimulierende Rottöne und wählen besser besänftigende, »kühle« Pastellfarben, etwa Grün-, Türkis- oder Hellblautöne.
▶ Insgesamt darf das Kinderzimmer nicht zu unruhig wirken. Außerhalb des Spielbereichs sind daher ruhige und sanfte, aber heitere Farben günstig, insbesondere für den Schlafbereich. Falls

Im Spielbereich kunterbunt

Ansonsten eher sanfte Farben

Eine horizontale Trennung des Raums durch die Wandgestaltung wirkt weniger problematisch, wenn die Linie nicht gerade verläuft.

Vorsicht mit Rot und Blau

sich die Bereiche nicht gut trennen lassen, verzichten Sie im Zimmer besser auf das eventuell schlafstörende, »feurige« Rot.

▶ Blau wirkt allzuschnell sehr kühl, sollte also nur beschränkt eingesetzt werden. Besser wären zarte Gelb-, Beige-, Grün- oder Türkistöne für eine freundliche Grundstimmung des Raumes.

▶ Mit Tagesdecken, Teppichen oder Postern kann zusätzlich für Abwechslung gesorgt werden.

▶ Nehmen Sie stets Rücksicht auf den Geschmack Ihres Kindes.

Extreme Farbwünsche

Nur bei extremen Wünschen, etwa wenn der Raum in Schwarz oder in knalligem und zuviel Unruhe erzeugendem »Plastik-Pink« ausgemalt werden soll, müssen Sie ausgleichend eingreifen. Bedenken Sie aber, daß jede

Lebensphase ihre eigenen Entwicklungsschritte und somit auch ganz bestimmte Lieblingsfarben mit sich bringt.

▶ Wenn Ihr Kind besondere Unterstützung benötigt, können Sie auch die Farbe des Elements einbringen (Seite 65), das der Neun-Sterne-Ki-Zahl Ihres Kindes entspricht. Diese Farbe gibt dem Kind gewissermaßen »Heimatenergie« mit auf den Weg.

Muster und Formen

▶ Bei Tapetenmustern oder bei einer Holzvertäfelung würde eine horizontale Linienführung in der unteren Zimmerhälfte stören. Da dies die Höhe ist, in der sich das Kind bewegt, würde es ständig begrenzende Linien in Kopfnähe

Ungünstig: horizontale Linien an der Wand

vorfinden: Diese können wie eine künstliche Wachstumsgrenze wirken, was ungünstig wäre für die freie Entfaltung des Kindes.

Weich fließende, luftige Muster und Farbverläufe sind ideal.

▶ Wenn überhaupt Bordüren in der Zimmermitte angebracht werden, dann sollte deren Motiv offen und luftig sein.

▶ Grundsätzlich sollten nicht zu viele linear-geometrische Dreiecks-, Streifen- oder Karomuster im Kinderzimmer vorkommen. Als Ausgleich zu der geradlinigen Form des Raumes (und in der Regel auch der Möbel) sind blumige, weich fließende und abwechslungsreiche Designs und Farbverläufe das richtige. Diese nähren das fließend sich wan-

delnde Gemüt des Kindes viel besser als alles zu Geradlinige.

Positive Blick-Fänger

▶ Optimal ist es, wenn die Wände nicht übervoll wirken und es eindeutige, angenehme Blickfänge gibt – als positive Orientierungspunkte für eine optimistische Entwicklung. Schöne Bilder oder Mobiles sind hierfür hervorragend geeignet.

Der Raum sollte noch »atmen«

▶ An schrägen Wänden sollten besser keine Poster angebracht werden, denn sie verstärken nur unnötig die drückende Wirkung der Dachschräge (mehr dazu auf Seite 46).

Dach-schrägen

Wenn Energie »durchrauscht«: Sha-Chi

Energie ist nicht zwangsläufig förderlich, sie kann unter bestimmten Voraussetzungen auch belastend wirken. Im Feng Shui nennt man sie dann Sha-Chi. Bett, Arbeits-, Spiel- und Sitzplätze sollten vor solcher Energie geschützt werden.

● In einem langen Gang zum Beispiel beschleunigt sich die Energie zu stark und wirkt dadurch überwältigend. Auch wenn Tür und Fenster oder Tür und Treppe genau gegenüberliegen, rauscht die Energie ungebremst durch. In solch einem »Durchzug« sollte man nicht schlafen oder sitzen. Geht's nicht anders, können Feng-Shui-Hilfsmittel den Energiefluß bremsen und harmonisieren: Paravents oder Pflanzen, quer verlegte Bodenfliesen oder Teppichmuster, von der Decke hängende Mobiles, Klangspiele, DNS-Spiralen, ins Fenster gehängte Regenbogenkristalle oder Fensterbilder schaffen Abhilfe (mehr dazu ab Seite 63).

Problem: Tür-Fenster-Durchzug und scharfe Kanten

● Auch scharfkantige Ecken von Möbeln oder Mauern wirken »aggressiv«. Diese sollten ebenfalls – sofern Sie oder Ihr Kind nahe daran vorbeigehen müssen oder unmittelbar daneben sitzen, arbeiten oder schlafen – verdeckt, abgerundet oder mit Hilfe »zerstreuender« Hilfsmittel entschärft werden (ab Seite 66).

▶ Günstig ist eine Tapete, eine Wandbemalung oder ein Bild mit einem duftigen Baum, etwa einer Birke. Dieser symbolisiert Wachstum und Stärke, was dem Kind zu mehr Selbstbewußtsein und Unabhängigkeit verhilft.

Die Frage der Motive

▶ Wenn Ihr Kind Motive und Stars wählt, die Ihnen nicht gefallen (Seite 68), dann haben Sie etwas Geduld, und denken Sie an Ihre eigene Kindheit. Auch diese Phase geht irgendwann vorbei.

Atmosphäre schaffen

▶ Ein Kind, dem seine Kuscheltiere sehr wichtig sind, signalisiert, daß es besonders viel Wärme und Geborgenheit braucht. Schenken Sie ihm Aufmerksamkeit und Zuwendung, wann immer sich die Gelegenheit dazu ergibt und Sie spüren, daß das Kind dafür aufnahmebereit ist. Und sorgen Sie für viele warme und behagliche Elemente im Kinderzimmer. Ein Himmelbett mit sanft wallenden Tüchern, überhaupt viel Stoff und vor allem weiche, kuschelige Materialien sind hier angesagt. Dieser Raum darf ruhig wie eine (helle!) Höhle gestaltet werden.

Das eine Kind braucht's behaglich ...

▶ Das Zimmer eines selbstbewußten, aktiven Kindes dagegen, das Klarheit und Raum für sich beansprucht, sollte entsprechend offen und klar gestaltet sein.

... das andere klar und offen

TIP!

Gemeinsam mit Spaß

Sie finden in diesem Buch viele Tips und Hinweise, wie Sie die Energie des Kinderzimmers allgemein verbessern und zudem auf die individuellen Bedürfnisse Ihres Kindes abstimmen können.

● Viele dieser Maßnahmen mögen durchaus allgemeingültigen Charakter haben, aber niemals läßt sich eine Situation eins zu eins auf eine andere übertragen. Prüfen Sie daher stets, ob Sie die Maßnahme wirklich auch selbst so wollen, und fragen Sie sich, wie Ihr Kind damit zurechtkommen wird.

● Sobald Ihr Kind alt genug ist, sollten Sie es ohnehin in den Entscheidungsprozeß einbeziehen. Denn Kinder wissen meist sehr genau, was ihnen gefällt und guttut.

● Vor allem sollten die Maßnahmen den »Spaßfaktor« erhöhen. Je phantasievoller und individueller, um so besser. Das Kind erfährt dadurch, wie sehr seine Persönlichkeit geschätzt wird. Wenn aber Streß und nervenaufreibender Streit zum Beispiel mit dem Umstellen des Kinderbettes verbunden sind, beeinflußt das selbst die bestgemeinte Feng-Shui-Maßnahme negativ.

● Am besten ist es immer, gemeinsam vorzugehen, so daß alle Beteiligten die Veränderung als stimmig empfinden. Mit großer Wahrscheinlichkeit werden sich Kinder und Eltern dann auch wirklich wohler fühlen als vorher. Und das ist ja der Zweck der Maßnahme. So werden Sie viel Freude und Inspiration bei Ihrem gemeinsamen Feng-Shui-Abenteuer haben.

Ab ins Bett!

Im Schlaf erholt sich Ihr Kind, verarbeitet in Träumen seine Erlebnisse und tankt neue Kräfte für den Tag. Guter Schlaf ist äußerst wichtig für die Entwicklung und Gesundheit – und ein guter Schlafplatz ist die Voraussetzung dafür. Sowohl Standort als auch Ausführung des Bettes haben großen Einfluß darauf, ob Ruhe und Erholung möglich sind.

Guter Schlaf ist essentiell

Rundherum frei von Störungen

In erster Linie geht es darum, alles zu vermeiden, was den Schlaf stören könnte. Neben den bereits erwähnten schweren Möbeln gibt es weitere Quellen für Störenergien.

Freiraum für gute Träume

Grundsätzlich gilt: Der Bereich über dem Kopfteil des Bettes sollte frei sein. Befindet sich etwa hinter oder gar über dem Kopfende ein vollgeräumtes Regal, stehen darauf Bücher, Topfpflanzen oder andere schwere Dinge, so dürfen Sie sich nicht wundern, wenn Ihr Kind darunter schlecht

Alles Schwere über dem Bett stört

schläft, unter Alpträumen leidet oder überhaupt nicht in seinem Bett bleiben möchte. Alles Schwere oder Drückende, also beispielsweise auch größere Glas-, Keramik- oder Metallampen, Blumenampeln sowie massive Deckenbalken oder Dachschrägen über dem Bett wirken potentiell belastend. Je nach Größe und Masse des störenden Objektes und je nach Abstand zum Körper wird die Belastung zwar unterschiedlich stark ausfallen, aber spätestens, wenn Ihr Kind unruhig schläft, sollten Sie den Raum analysieren und rasch für Abhilfe sorgen.

▶ Am besten, Sie entfernen belastende Gegenstände oder Sie verändern die Position des Bettes, so daß Ihr Kind nicht mehr unter der drückenden Schräge oder dem Balken schlafen muß.

▶ Ein sanft wallendes Tuch an der Decke über dem Bett kann die belastenden Energien eines Balkens oder einer Schräge »wegfiltern«.

▶ Auch unter dem Bett sollten sich nicht zu viele Spielsachen oder andere Dinge befinden –

Phantasievolle Lampen wie diese bringen Stimmung in den Raum.

Dachschrägen und Balken

Wie sieht es unterm Bett aus? denn das, worauf man schläft, beeinflußt die Qualität des Schlafes. Selbst Spielzeug kann Unruheenergien verursachen. Vor allem bei Schlafproblemen sollte alles unter dem Bett weggeräumt werden.

Strahlende Lieblinge

Störschwingungen durch Elektrogeräte Fernseher, Aquarium, Computer – alle Elektrogeräte strahlen elektromagnetische Störschwingungen ab, die die Lebensenergie schwächen, wenn man zu nahe daneben schläft oder viel Zeit verbringt. Verhindern läßt es sich in der heutigen Zeit fast nicht mehr, daß Elektrogeräte im Kinderzimmer stehen. Zumindest sollten sie aber so weit wie möglich weg vom Bett sein. Besser

wäre es, sie in einen eigenen Raum zu verlegen.
▶ Je näher am Bett, desto ungünstiger für das Kind – Mindestabstand sollte zwei Meter sein. **Abstand halten!**
▶ Vorsicht: Das gilt auch für Geräte in nebenliegenden Räumen. Wenn beispielsweise hinter der Wand des Bettes ein Fernseher im Wohnzimmer steht, dann belastet die Störenergie Ihr Kind auch durch das Mauerwerk hindurch.
▶ Stehen stark strahlende Elektrogeräte im Kinderzimmer, sollten Sie regelmäßig lüften (frische Luft mit viel Sauerstoff steigert das Chi und somit die Abwehrkräfte des Kindes). Pflanzen in der Nähe der Geräte unterstützen diese Wirkung. Besonders gute »Strahlenwandler« sind Kakteen. **Frische Luft und Pflanzen helfen**

Ein guter Schlafplatz, der erholsamen Schlaf ermöglicht, ist äußerst wichtig für die Entwicklung und Gesundheit des Kindes.

Unterirdisches

Wasseradern & Co.

Suchen Sie einen Schlafplatz, der nicht durch Wasseradern oder andere unterirdische Störzonen belastet ist. Selbst wenn Möbel entfernt oder Raumnutzungen geändert werden müssen, lohnt sich das. Denn es würde Ihr Kind nur unnötig schwächen, lange Zeit auf energieabziehenden Störzonen zu schlafen. Seine Entwicklung könnte dadurch gehemmt und das Kind insgesamt krankheitsanfälliger werden.

▶ Hören Sie sich im Bekanntenkreis um, und lassen Sie sich einen guten Radiästheten empfehlen (der beste Weg, den »richtigen« zu finden). Er wird Schlafplätze und andere wichtige Aufenthaltszonen in Ihrer Wohnung untersuchen und gegebenenfalls Abhilfemaßnahmen vorschlagen.

Raus aus dem Durchzug

Das hilft gegen Energiedurchzug

▶ Wenn das Bett mit dem Kopfteil zur Tür steht oder im »Durchzug« zwischen Tür und Fenster (Seite 44) steht, dann schützen Sie das Bett vor dem Energiedurchzug: Plazieren Sie einen Paravent, ein Regal, eine Trennwand oder eine Gardine so zwischen Tür und Bett, daß der Energiestrom nicht mehr direkt über das Bett streichen kann. Ein Himmelbett ist ideal, denn es bietet Ihrem Kind eine geborgene und schützende Höhle.

Das Bett schräg im Eck?

▶ Stellen Sie das Bett nicht schräg ins Eck, weil durch die Ecke der harmonische Chi-Fluß hinter dem Kopf unterbrochen wird. Am besten ist immer noch die Position an der Wand.

> **TIP!**
>
> ### Der Kraftplatz fürs Bett
>
> In jedem Raum gelten Türen und Fenster als besonders unruhige Bereiche, weil hier das Chi ein- und ausströmt. Die ideale Stelle für das Bett ist daher der Platz, der am weitesten von Tür und Fenster entfernt ist, weil dort das Chi am ruhigsten fließt. Das Bett sollte an einer geschlossenen Wand stehen, möglichst nicht im Tür-Fenster-Durchzug (siehe rechts). Und es sollte kein Heizkörper zu nahe am Bett sein (wegen der Hitze, aber auch wegen der ungünstigen Abstrahlung des Metalls).

Natürlich gesund: das Material

Gestell und Lattenrost ganz aus Holz

▶ Das ideale Kinderbett ist ganz aus Holz, weil Holz dem natürlichen Wesen des Kindes besonders entspricht. Ungünstig wäre ein Bett aus Metall oder mit Metallbestandteilen: Die Metallteile ziehen positive Energien ab und können Störenergien aus der Umgebung anziehen.

Die Matratze

Ein erholsamer und gesunder Schlaf ist so wichtig, daß Sie bei der Anschaffung der Matratze nicht sparen sollten.

▶ Wählen Sie eine möglichst »natürliche« Matratze, zum Beispiel aus Naturkautschuk (Latex), Schafwolle oder Roßhaar.

Natürliche Materialien bester Herkunft

▶ Eine ungesunde Schlafatmosphäre erzeugen Schaumstoff (zuviel Chemie, daher schädliche Abdampfungen) oder Federkernmatratzen (die Federn wirken wie unsichtbare »Antennen« und ziehen Störenergien an).

▶ Beachten Sie, auch in Hinblick auf Allergien, die Herkunft und Verarbeitung der Materialien: Chemische Herstellungsverfahren – etwa zum Aufschäumen von Latex – oder mit Pestiziden behandelte Schafwolle könnten langfristig Ursache von gesundheitlichen Problemen werden.

Form & Größe

▶ Das Betthaupt sollte höher sein als das Fußende.

▶ Ein zu kleines Bett sollte rechtzeitig, also bevor das Kind keinen Platz mehr hat, gegen ein größeres ausgetauscht werden. Genügend Platz im Bett schafft symbolisch auch Platz für eine freie persönliche Entwicklung.

Groß genug muß das Bett sein!

Ganz schön abgehoben: Stock- oder Hochbetten

Entweder aus Platzgründen oder weil es einfach kuschelig ist: Hoch- oder Stockbetten sind sehr beliebt. Die Energie eines Hochbettes beziehungsweise des oberen Schlafplatzes im Stockbett ist allerdings ganz anders als die eines traditionellen Bettes. Je weiter ein Bett vom Boden entfernt ist, desto mehr geht die »Bodenhaftung« verloren – dies kann zu zappeligem Verhalten führen oder zu großer Verträumtheit. Ein Kind, das ohnehin dazu tendiert, wird sich möglicherweise noch mehr in seine eigene Welt zurückziehen und sich mit den Dingen des Alltags eher schwer tun.

So ein Hochbett ist etwas Tolles. Aber manches Kind kann darin »den Boden unter den Füßen verlieren«.

▶ Wenn Sie das Gefühl haben, daß es Ihrem Kind an Sicherheit, Robustheit und Stabilität fehlt, sollte es vom Hochbett runter.

▶ Ein Hochbett muß besonders stabil sein, denn selbst ein ganz leichtes Wackeln kann bereits das Gefühl innerer Instabilität oder Unsicherheit wecken.

Wichtig: Stabilität und Raum nach oben

▶ Außerdem auch hier wichtig (wie beim Schlafen unter Dachschrägen): Der Abstand zur Decke sollte im Sitzen mindestens 30 bis 50 cm sein. Eine zu nahe Decke würde auf Dauer das Chi des Kindes einschränken.

Hierarchieebenen

Teilen sich zwei Geschwister ein Stockbett, kann das ein Ungleichgewicht zwischen »oben« und »unten« ergeben. Wer oben liegt, hat mehr Übersicht – und er »drückt« mit seinem Gewicht auf den unten Liegenden.

Geschwister im Stockbett

▶ Im Alter von etwa 10 bis maximal 12 Jahren sollten Geschwister jeweils ein eigenes, »geerdetes« Bett erhalten. Dies ist nicht nur wichtig für die Balance zwischen den beiden Kindern, sondern auch für die Entwicklung ihrer Eigenständigkeit.

Nur wenn ein Kind sehr viel Schutz braucht und es diesen durch das sehr nahe Geschwisterkind bekommt, kann ein Stockbett auch länger benutzt werden.

Die optimale Schlafrichtung

Wenn Ihr Kind nicht gut schläft, im Dunkeln unter Angstzuständen leidet, durch Bettnässen inneres Ungleichgewicht signalisiert – oder wenn Sie schon bei der Ersteinrichtung des Kinderzimmers so viel wie möglich richtig machen wollen: Dann lohnt sich die Kontrolle der Schlafrichtung. Denn für jeden Menschen gibt es – entsprechend den Energiemustern, in die er sich bei seiner Geburt »einklinkt« (Seite 30) – günstige und weniger günstige Himmelsrichtungen.

Hilfreich bei Schlafproblemen

Förderliche Energien

Liegt Ihr Kind in einer günstigen Schlafrichtung, befindet es sich in Harmonie mit den Energien der Umgebung, und die persönlichen Energien werden positiv aktiviert. Die richtige Himmelsrichtung hilft, ruhiger und ausgeglichener zu werden und auch schwierigere Lebensphasen stabil zu überstehen. Außerdem unterstützt sie die Gesundheit und hilft dem Kind, seine ureigenste Persönlichkeit zur Entfaltung zu bringen.

Wohltuend für Körper, Geist und Seele

▶ Versuchen Sie insbesondere dann eine gute Schlafrichtung zu wählen, wenn Ihr Kind unter

Die erste (äußere) Zahl der dreiteiligen Neun-Sterne-Ki-Zahl (Tabelle Seite 32/33) gibt die individuell förderlichen Himmelsrichtungen A bis D vor.

Alle vier Richtungen sind hilfreich. Mehr über die speziellen Wirkungen finden Sie auf Seite 54.

VIER FÖRDERLICHE HIMMELSRICHTUNGEN

Äußere Zahl	A Sheng Chi »Erzeugender Atem«	B Tien Yi »Himmlischer Arzt«	C Nien Yen »Harmonie«	D Fu Wei »Klarheit«
1	SO	O	S	N
2	NO	W	NW	SW
3	S	N	SO	O
4	N	S	O	SO
5 (Mädchen)	SW	NW	W	NO
5 (Junge)	NO	W	NW	SW
6	W	NO	SW	NW
7	NW	SW	NO	W
8	SW	NW	W	NO
9	O	SO	N	S

schulischem oder emotionalem Streß leidet oder Anzeichen von Unausgeglichenheit zeigt.

▶ Auch beim Essen, Lernen, Spielen sollte sich Ihr Kind möglichst in eine dieser Richtungen wenden (Seite 54).

Nicht nur im Schlaf

Vier günstige Richtungen

Schauen Sie sich noch mal die dreiteilige Neun-Sterne-Ki-Zahl Ihres Kindes an (Seite 32/33). Die erste Ziffer, also die »Äußere Zahl«, führt Sie zu seinen persönlichen vier starken Himmelrichtungen. Diese wiederum finden Sie in der Tabelle oben.

Mit dem Betthaupt in die richtige Richtung

▶ Falls Sie nur annähernd wissen, nach welcher Himmelsrichtung Ihre Wohnung ausgerichtet ist, benötigen Sie einen Plan, in dem der Norden eingezeichnet ist. Oder Sie besorgen sich einen Kompaß; Metall oder Strom können die Magnetnadel allerdings ablenken: Kontrollieren Sie Ihre Messung lieber an mehreren Punkten des Raumes – oder noch besser vor dem Haus.

▶ Nun können Sie die Schlafrichtung Ihres Kindes genau bestimmen: Der Kopf weist im

Wohnungsplan und Kompaß

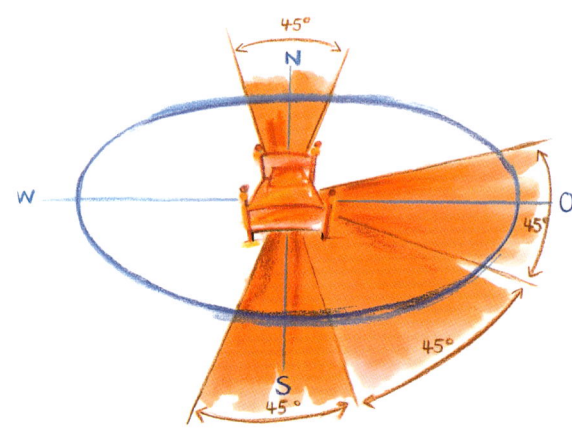

Das Optimale aus der Situation machen

Schöpfen Sie alle Möglichkeiten aus, die Ihnen Feng Shui bietet: Ausgehend vom bestmöglichen Standort, können Sie einiges dafür tun, um unvermeidliche Störeinflüsse abzuschwächen (Hilfsmittel ab Seite 63). Hier einige strategische Tips zur Vorgehensweise:

▶ Könnten Schlafzimmer getauscht werden (Ihr Kind braucht den besten Raum, denn es verbringt hier die meiste Zeit)?

▶ Könnten Schränke oder andere blockierende Möbel entfernt werden, um so einen besseren Platz fürs Bett zu finden? Kein Möbelstück kann so wichtig sein wie das Wohlbefinden Ihres Kindes.

▶ Lassen sich energetische Durchzüge bremsen (Seite 44)?

▶ Welche anderen störenden Einflüsse lassen sich beseitigen?

▶ Was benötigt der Raum beziehungsweise das Kind als zusätzliche Aufbesserung (Seite 73)?

Was können Sie grundsätzlich verändern?

Hilfsmittel nutzen

Gehen Sie bei der Auswahl und Gestaltung des Kinderzimmers keine Kompromisse aus Bequemlichkeitsgründen ein. Ihr Kind wird viele Jahre in diesem Raum verbringen müssen, und dessen Beschaffenheit wird seine Entwicklung nachhaltig beeinflussen.

Wichtig

Es muß nicht die genaue Himmelsrichtung sein. Ein Spielraum von 22,5° beidseits der exakten Richtung ist möglich.

Liegen dorthin, das Betthaupt steht also in dieser Richtung. Falls nötig und machbar, ändern Sie die Schlafrichtung in eine der vier für Ihr Kind idealen Himmelsrichtungen.

Was hat Vorrang?

Auf der Suche nach dem optimalen Standort fürs Bett stehen Eltern oft vor scheinbar unlösbaren Problemen:
Am Kraftplatz des Raumes paßt die Schlafrichtung nicht; stellt man das Bett so, daß die Himmelsrichtung paßt, liegt das Kind neben dem Heizkörper oder gar zwischen Tür und Fenster; und am Feng-Shui-gemäß günstigen Ausweichplatz verläuft eine unterirdische Wasserader … Was tun?

Lernen – leicht gemacht

Wenn sich Ihr Kind mit dem Lernen schwertut, Legasthenie oder eine andere ernsthafte Lernschwierigkeit hat, kann Feng-Shui sehr hilfreich sein.

Den Schlafplatz prüfen 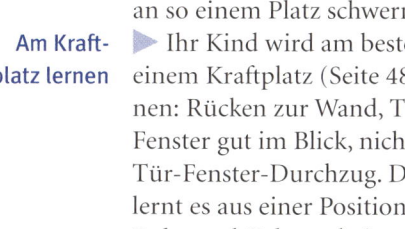 Häufig schlafen Kinder mit Lernproblemen an einem unruhigen Platz, was sofort geändert werden sollte (Seite 46).

Der optimale Lernplatz

Am Lernplatz sitzen Kinder mit Lernpoblemen häufig mit dem Rücken zur Tür. Das gibt ein Gefühl der Unsicherheit, da der Rücken nicht vor »Überraschungsangriffen« geschützt ist – ein uralter Instinkt, der auch Erwachsenen das Konzentrieren an so einem Platz schwermacht.

Am Kraftplatz lernen Ihr Kind wird am besten an einem Kraftplatz (Seite 48) lernen: Rücken zur Wand, Tür und Fenster gut im Blick, nicht im Tür-Fenster-Durchzug. Dann lernt es aus einer Position der Ruhe und Gelassenheit.

Besorgen Sie einen kleinen und somit beweglichen Arbeitstisch, der gedreht oder schräg in den Raum gestellt werden kann.

Genügend Tageslicht braucht der Lernplatz, möglichst von links (für Linkshänder von rechts) einfallend.

Wie ist die Aussicht nach vorn? Steht der Schreibtisch mit Blick aus dem Fenster, so neigt das Kind erfahrungsgemäß zur Tagträumerei. Auch hier fällt konzentriertes Lernen schwer. Blickt Ihr Kind in den Raum, sollte die gegenüberliegende Wand »lernförderlich«, also inspirierend gestaltet sein. Die Gestaltung dieser Wand ist auch wichtig, da sie die »Zukunft« symbolisiert, also das, worauf das Kind zustrebt.

Aus einer Position der Kraft, mit inspirierendem Ausblick, lernt es sich gleich viel besser.

Vier günstige Richtungen

Mit Blick in die richtige Richtung Beim Lernen können auch die vier starken Himmelsrichtungen (Seite 51) sehr gut helfen. Sie fördern Konzentration und geistige Wachheit. Ihr Kind wird seine Aufgaben rascher erledigen und danach noch ausreichend Energien für Spiel und Spaß haben. Optimal wäre es also, mit Blick in eine dieser Richtungen zu lernen.

TIP!

Die besondere Qualität jeder Himmelsrichtung

Jede der vier persönlichen Himmelsrichtungen ist förderlich. Sollten Sie die Auswahl zwischen mehreren Richtungen haben, können Sie entsprechend ihrer inneren Qualitäten und der aktuellen Situation Ihres Kindes »feinjustieren«:

● *Richtung A (Sheng Chi)* hat eine universell günstige Schwingung. Sie eignet sich für jede Art von Aktivität, sei es Spielen, Lernen, Basteln oder Lesen. Wenn Sie nicht genau zuordnen können, was Ihr Kind bedrückt oder was ihm gerade Probleme macht, dann tut diese Richtung besonders gut. Sie wirkt ausgleichend auf die Seele und unterstützt mit zusätzlichen Energien die Pläne und Ziele.

● *Richtung B (Tien Yi)* fördert und aktiviert »heilende«, kräftigende Schwingungen, sie hilft besonders, sich nach Krankheit schnell wieder zu erholen. Wann immer Ihr Kind sich nicht richtig wohlfühlt, sollten Sie diese Richtung »anzapfen«, etwa am Eßtisch, als Schreibtisch- und Bettorientierung oder beim gemeinsamen Spielen.

● *Richtung C (Nien Yen)* wirkt harmonisierend. Bei innerer Unruhe, Gefühlen der Einsamkeit oder des Zerrissenseins, wie Kinder sie häufig erleben, wirkt diese Richtung lindernd und vermittelt inneren Seelentrost. Sie hilft auch, Spannungen, etwa mit Geschwistern, Schulkameraden oder den Eltern, abzubauen. In schwierigen Lebensphasen die bevorzugte Richtung!

● *Richtung D (Fu Wei)* gilt als die Richtung der Klarheit. Hier wird konzentriertes Lesen, Schreiben, Malen und Lernen, aber auch Nachdenken und Pläneschmieden besonders gefördert – für konzentrationsschwache Kinder die bevorzugte Himmelsrichtung. Sie hilft, die Energien nicht zu zerstreuen, Unwichtiges von Wichtigem zu unterscheiden und konzentriert bei einer Sache zu bleiben.

Da Kinder intuitiv ein Gespür für ihre starken Richtungen entwickeln, wählen sie oft von sich aus die optimale Richtung. Sollte sich Ihr Kind an einem bestimmten Platz auffallend gegen seine veranlagte Ausrichtung orientieren, dann liegt es vielleicht an einer Wasserader oder einem anderen Störeinfluß (Seite 46).

Wenn Sie die Auswahl haben, können Sie je nach Bedürfnis »feinjustieren«.

Die neun Lebensfelder im Bagua

Ein sehr hilfreicher, geradezu unersetzlicher Spiegel der Wohn- und Lebenssituation ist das »Bagua«. Es ist eine Art »Rönt-**Hinweis** genbild Ihrer Wohnung«, das **auf aktuelle** Ihnen zeigt, welche Lebensthe-**Lebens-** men im Moment besonderer **themen** Unterstützung bedürfen. Denn nichts ist zufällig, also weder die Form Ihres Wohnungsgrundris-ses, noch die Art, wie Sie Ihre Räume nutzen und gestalten. Sowohl für die Gesamtwohnung als auch für jedes einzelne Zim-mer liefert das Bagua eine Aus-sage über die Lebenssituation der Familienmitglieder (Seite 57).

Das Kinderbagua

Das Bagua fürs Kinderzimmer ist eine Variante des »klassischen« Bagua und gibt Auskunft über die momentane Lebenssituation des Kindes, auch über anlagenbe-dingte Stärken und Schwächen. Der Grundriß des Raumes sowie die Nutzung einzelner Raum-zonen werden dafür betrachtet.

Variante des »klas-sischen« Bagua

So wird es benutzt

Das Bagua wird immer so ange-legt, daß die Grundlinie mit den Bereichen »Lernen/Entwick-

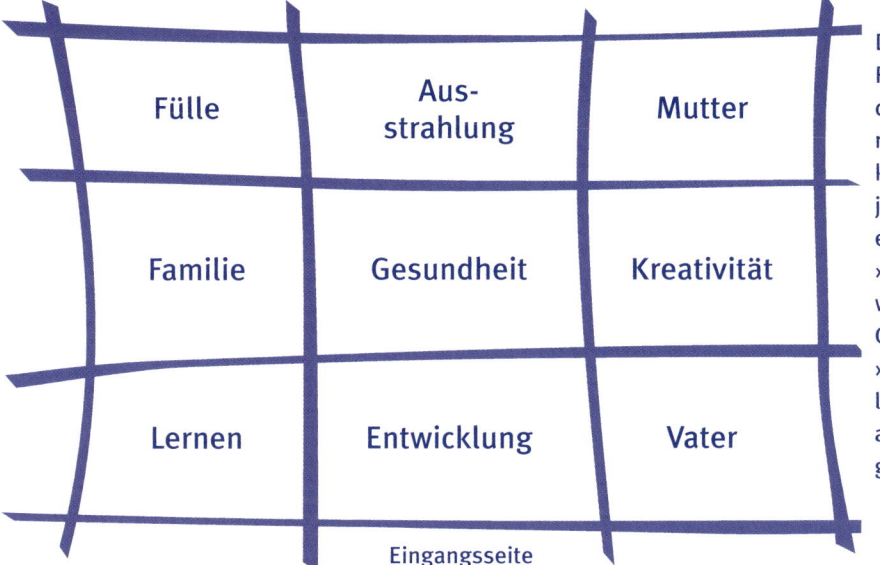

Fülle	Aus-strahlung	Mutter
Familie	Gesundheit	Kreativität
Lernen	Entwicklung	Vater

Eingangsseite

Der Bagua-Raster wird dem Grund-riß angepaßt, kann also in jede recht-eckige Form »gedehnt« werden. Die Grundlinie »Lernen ...« liegt immer an der Ein-gangsseite.

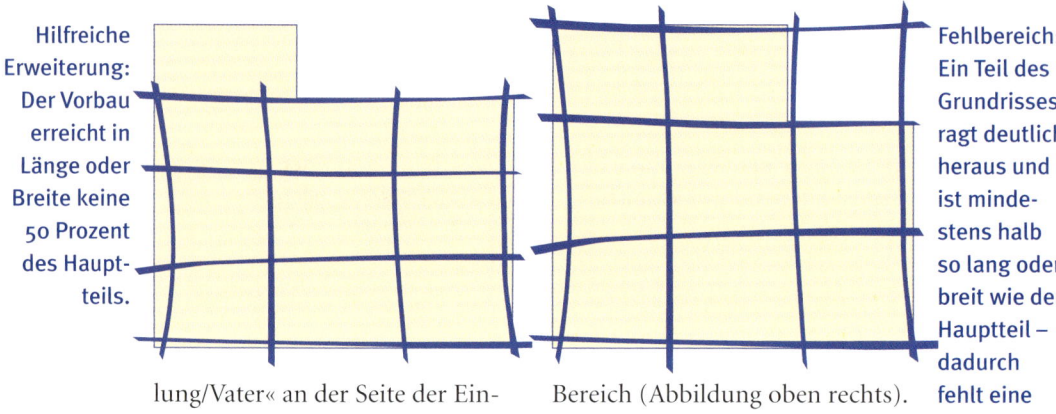

Hilfreiche Erweiterung: Der Vorbau erreicht in Länge oder Breite keine 50 Prozent des Hauptteils.

Fehlbereich: Ein Teil des Grundrisses ragt deutlich heraus und ist mindestens halb so lang oder breit wie der Hauptteil – dadurch fehlt eine Baguazone oder ist unvollständig.

lung/Vater« an der Seite der Eingangstür liegt. Diese ist der »Mund des Chi« und prägt die weitere Energieverteilung.

Fehlbereiche und hilfreiche Erweiterungen

Ist das Zimmer ganz einfach rechteckig oder quadratisch, gilt das Bagua-Raster als ausgewogen, alle Lebensbereiche sind gleichmäßig vertreten. Ist der Grundriß jedoch zum Beispiel L-förmig, gibt es eine Nische, hereinragende Einbauten (etwa ein Kamin oder tapezierter Einbauschrank) oder aber einen Erker, so hat das Bagua »Fehlbereiche« oder eine »hilfreiche Erweiterung«.

Mit dem Transparent-Bagua hinten im Buch geht's ganz einfach.

Eine Frage der Verhältnisse

▶ Ist der vorragende Teil mindestens halb so groß wie der Hauptteil (in der Breite oder Länge), so wird er ins Bagua miteinbezogen – dadurch fehlt mindestens ein

Bereich (Abbildung oben rechts). Es entsteht dort ein Defizit, das ausgeglichen werden sollte (Tips dazu auf Seite 68). Im entsprechenden Lebensbereich braucht Ihr Kind besondere Unterstützung, denn es mangelt ihm an ausreichenden Ressourcen.

▶ Erreicht der vorstehende Teil keine 50 % des Hauptteils (oben links), so liegt er außerhalb des Bagua und verstärkt die Zone, aus der er hervorragt, als »hilfreiche Erweiterung«. Eine hilfreiche Erweiterung braucht nicht ausgeglichen zu werden. Sie gibt aber einen Hinweis auf eine möglicherweise stark ausgeprägte Veranlagung oder ein besonders wichtiges »Thema« Ihres Kindes.

Jede Zone steht für ein Lebensthema

Acht Zonen gruppieren sich als Symbol für innere und äußere Harmonie um das Zentrum.

»Entwicklung«
(klassisch: Karriere)

Die Zone der Entwicklung liegt in der Mitte der Grundlinie des Bagua. Sie symbolisiert, inwieweit sich Ihr Kind im Fluß seines Lebens befindet und ob äußere Einflüsse es zu sehr von seiner ursprünglichen Entwicklung fernhalten.

▶ Je »fließender« und heller dieser Abschnitt, desto leichter wird Ihr Kind auch bei Ablenkungen und Herausforderungen auf seinen eigenen Weg zurückfinden.

»Mutter«
(klassisch: Partnerschaft)

Sie liegt rechts hinten im Kinderzimmer und symbolisiert die Beziehung des Kindes zur weiblichen (Yin-) Kraft des Universums, wie sie am unmittelbarsten durch die Mutter repräsentiert wird. Auch Gefühle, Intuition und Sensibilität werden von dieser Zone gespiegelt – Qualitäten, die das Kind auf seinem Weg ins Erwachsenwerden möglichst bewahren und selbstbewußt leben sollte. Ein Fehlbereich oder ein anderer Mangel in diesem Abschnitt/Lebensbereich führt sonst beim Erwachsenen zu Defiziten in der Partnerfähigkeit.

▶ Gestalten Sie diese Zone eher sinnlich, kuschelig, sanft.

Das klassische Bagua

Das hier dargestellte Kinderbagua gilt ausschließlich für das Kinderzimmer oder für andere überwiegend kinderorientierte Räume wie das Spiel- oder Bastelzimmer. Auch im Kindergarten findet es seine Anwendung. Für die allgemeine Wohnungsanalyse wird das »klassische« Bagua verwendet, wie es in anderen Feng-Shui-Büchern (Buchtips Seite 93) erklärt wird. Darin werden die meisten Zonen anders bezeichnet. Aus »Reichtum« wurde im Kinderbagua »Fülle«, »Karriere« wurde zu »Entwicklung« und so weiter. Die Anwendung des klassischen Wohnungsbagua entspricht der des Kinderbagua, Ausgangsbasis ist der Wohnungseingang (bzw. die Treppe, wenn Sie über mehr als eine Etage wohnen).

Im klassischen Bagua werden die Zonen zum Teil anders bezeichnet; ihre Bedeutung aber ändert sich nur insofern, als sie nicht speziell auf Kinder bezogen ist.

Reich-tum	Ruhm	Partner-schaft
Familie	Tai Chi	Kinder
Wissen	Karriere	Hilf-reiche Freunde

»Familie«
(klassisch: Familie)

Links in der Mitte liegt das Revier der Familie: Gemeint sind damit die Vorfahren in ihrem energetischen Gesamteinfluß auf das Kind. Familiengeschichte und Abstammung sind Ursprung und Basis für die Zukunft des Kindes.
▶ Eine ausgewogene Gestaltung dieser Zone im Kinderzimmer erleichtert eine harmonische Beziehung zu den eigenen familiären Wurzeln. Ungeliebte, abgewohnte alte Möbel oder kaputte Gegenstände sollten aus dieser Zone entfernt werden.

»Fülle«
(klassisch: Reichtum)

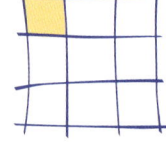

Wenn Ihr Kind Fülle und segensreiche Ereignisse nur so anzieht, dann ist die linke hintere Ecke des Kinderzimmers wohl bestens in Schuß. Dieser Abschnitt des Kinderbaguas repräsentiert die vielen bereichernden und glücklichen Fügungen des Lebens.
▶ Wenn er abwechslungsreich, hell und lebendig gestaltet ist, dann stärkt er auch das Selbstwertgefühl und fördert die innere Gewißheit Ihres Kindes, daß es so, wie es ist, ein wichtiges und wertvolles Mitglied der Familie, der Schulklasse oder einer anderen Gemeinschaft ist.

»Gesundheit«
(klassisch: Tai Chi)

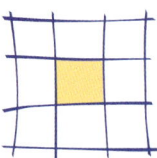

Die Mitte des Zimmers repräsentiert die Mitte des Körpers und steht auch für die Gesundheit. Da in der Körpermitte (Hara/Dan Tien) auch die Lebensenergie gesammelt und verteilt wird, symbolisiert die Raummitte auch die Lebensenergie Ihres Kindes.
▶ Damit diese sich frei entfalten kann, sollte hier einfach Freiraum sein für Spiel und Bewegung.

»Vater«
(klassisch: Hilfreiche Freunde)

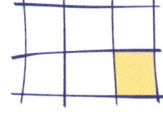

An der Grundlinie rechts findet sich die Zone des Vaters. Dieser Abschnitt symbolisiert die Yang-Kräfte des Universums, repräsentiert durch den Vater und die Beziehung des Kindes zu ihm. Auch ausreichender Rückhalt für eine stabile Lebensentwicklung sowie Unterstützung durch hilfreiche Freunde, wann immer Ihr Kind sie benötigt, sind dieser Zone zugeordnet.
▶ Die Gestaltung sollte sachlich, dynamisch, »yangig« ausfallen.

»Kreativität«
(klassisch: Kinder)

Dieser Bereich des Kinderzimmers – rechts in der Mitte – weist eine sehr aktive Energie auf, wes-

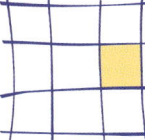

halb sich Kinder hier sehr gerne zum Spielen aufhalten. Hier sollte kein blockierender Schrank stehen, sondern besser genügend Bewegungsraum freibleiben (Seite 72).

Der freudvolle, kreative Selbstausdruck des Kindes wird von dieser Zone gespiegelt – letztlich auch die generelle Entwicklung des Kindes. Im »Erwachsenen-Bagua« wird dieser Abschnitt daher meist als »Kinderzone« bezeichnet – Kinder repräsentieren im übertragenen Sinn das kreativste, lebendigste Potential einer Familie.

▶ Gestalten Sie diese Zone pfiffig, bunt und lebendig.

»Lernen«
(klassisch: Wissen)

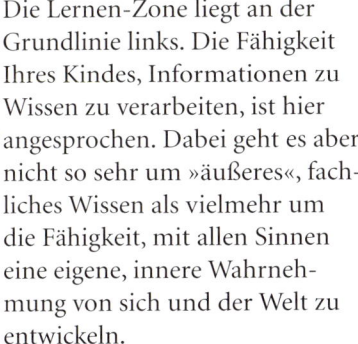

Die Lernen-Zone liegt an der Grundlinie links. Die Fähigkeit Ihres Kindes, Informationen zu Wissen zu verarbeiten, ist hier angesprochen. Dabei geht es aber nicht so sehr um »äußeres«, fachliches Wissen als vielmehr um die Fähigkeit, mit allen Sinnen eine eigene, innere Wahrnehmung von sich und der Welt zu entwickeln.

▶ Bei Lern- oder Konzentrationsschwierigkeiten sollte für besonders viel Ruhe und Klarheit (Ordnung!) in diesem Kinderzimmerabschnitt gesorgt werden.

»Ausstrahlung«
(klassisch: Ruhm)

Die Ausstrahlung Ihres Kindes und wie sehr es von anderen Kindern und Erwachsenen geachtet wird, spiegelt sich in diesem Abschnitt – hinten in der Mitte des Kinderbagua.

▶ Wenn Ihr Kind früh eine Aura natürlicher Autorität und Selbstsicherheit entwickelt, wird diese Zone im Kinderzimmer wohl strahlend und inspirierend gestaltet sein. Andernfalls sollten Sie für eine Aufwertung in diesem Abschnitt sorgen. Licht und glänzende, reflektierende Gegenstände tun hier besonders gut.

Das Bagua richtig deuten

Die Interpretation des Bagua muß in jedem Fall mit Vorsicht und Gefühl durchgeführt werden, denn ein einzelnes Detail kann manchmal sehr täuschen. Wenn im Bagua des Kinderzimmers die Kreativitätsecke fehlt, kann dies auf Probleme mit dem Selbstausdruck hinweisen, aber es muß nicht so sein. Das Bagua gibt kein Schicksal vor, es zeigt lediglich Tendenzen auf – die vielleicht schon unbewußt gelöst oder durch gestalterische Maßnahmen ausgeglichen wurden.

Das Bagua gibt kein Schicksal vor

▶ Vor einem Eingriff im Kinderzimmer sollten Sie daher zunächst einfach schauen, wo das Kind durch sein Verhalten mögliche Ungleichgewichte oder Einseitigkeiten zeigt. Nun suchen Sie die zugehörige Zone im Kinderzimmer, entfernen kaputte und unordentliche Gegenstände und ersetzen sie durch harmonisierende Dinge (siehe rechts).

▶ Manchmal ist aber auch Abwarten angesagt: Häufig stellen sich Kinder auf bevorstehende Themen intuitiv ein und verändern bereits selbst, was nicht paßt. Und umgekehrt muß jedes Kind auch die Möglichkeit bekommen, selbst Erfahrungen zu machen, die vielleicht aus der Sicht der Erwachsenen vermeidbar wären.

Bagua-Check
Schritt für Schritt

Wenn Sie einen problematischen Lebensaspekt geortet haben, suchen Sie in der zugehörigen Baguazone nach einem oder mehreren der folgenden Hinweise für Energiemangel:

- Fehlbereich im Grundriß des Kinderzimmers (Seite 68)
- Selten oder gar nicht genutzt
- Baumängel, Schäden oder Feuchtigkeit; nicht funktionierende Gegenstände
- Einseitigkeiten, wie zu dunkel, zu hell
- Total vollgestopft mit Gegenständen; Unordnung, Chaos

Hinweise für Energiemangel in einer Zone

▶ Verändern Sie – in Absprache mit Ihrem Kind, am besten gleich gemeinsam – zunächst die Einseitigkeiten. Dies reicht meist schon aus, um das Chi wieder richtig ins Fließen zu bringen.

▶ Wenn Sie nach einigen Wochen merken, daß eine zusätzliche Energetisierung der Zone guttun würde, finden Sie Tips ab Seite 64. Haben Sie aber Geduld, und verändern Sie niemals zuviel auf einmal. Dies würde Unruhe und allzu rasche Veränderungen für Ihr Kind bedeuten. Besser, Sie führen eine Maßnahme durch und beobachten die Auswirkungen. Dann können Sie gezielt eingreifen, wenn etwas zuwenig oder auch zu stark wirkt.

Weniger ist mehr

Das Kinderzimmer im Wohnungsbagua

Die Zone weist auf bestimmte Themen in der Familie hin.

Je nachdem, in welcher Zone des Wohnungsbagua das Kinderzimmer liegt, stehen andere Themen für die Familie im Vordergrund. Auf ein Single-Elternteil wirkt die Thematik intensiver als in einer Paarbeziehung oder einer größeren Familie, in der sie sich auf jeden etwas anders auswirken kann. Je besser es Ihrem Kind allgemein geht, desto positiver wird sich die Thematik, die die Lage des Raumes symbolisiert, in Ihrem Leben bemerkbar machen. Gute Beziehung und glückliches Kind bedeuten gutes Chi für die jeweilige Zone, und umgekehrt.

▶ Legen Sie das »Erwachsenen«-Bagua (Seite 57) über Ihre gesamte Wohnung. In welcher Zone liegt das Kinderzimmer? Nimmt es gar die gesamte Zone ein?

Liegt das Kinderzimmer ...

Einfluß auf Lebensweg und Ziele

● ... **in der Baguazone Karriere,** dann beeinflußt das Kind Ihren weiteren Lebensweg und Ihre Lebensperspektive intensiv. Möglicherweise verändern sich Ihre Prioritäten, Ihre wichtigen Ziele und Themen stark. Bleiben Sie im Fluß, und genießen Sie das belebende Chi, daß durch Ihr Kind in Ihr Leben kommt.

● ... **in der Baguazone Partnerschaft,** dann wird die Beziehung häufig »über das Kind« gelebt. Das Verhältnis zum Kind – gut oder stressig – prägt die Partnerschaft. Die Gefahr besteht, daß das Kind wichtiger wird als der Partner. Später, wenn die Kinder das Haus verlassen, fehlt es häufig an gemeinsamen Inhalten – denn Partnerschaft fand fast nur über das Kind statt. Sorgen Sie für regelmäßige »private« Aktivitäten mit Ihrem Partner, um genügend eigenes Chi einzubringen.

Die Partnerschaft pflegen

● ... **in der Baguazone Familie,** so kann es über die Kinder zu einer Verbesserung der Beziehung zu Ihren Eltern kommen – egal ob äußerlich wahrnehmbar oder mehr innerlich. Nutzen Sie das über die Kinder entstehende »frische Chi« dazu, die Beziehung zu Ihren Eltern zu »verlebendigen«. Bedenken Sie, daß das, was Sie an Ihre Kinder weitergeben, stark von Ihrer eigenen Geschichte geprägt ist. Je harmonischer Ihre Beziehung zu Ihren Eltern, desto besser für Ihre Kinder.

Versöhnung mit den eigenen Eltern

TIP!

Um die Eltern-Kind-Beziehung zu fördern, sollten die Familien- und die Kinderzone des Elternschlafzimmers besonders harmonisch gestaltet sein. Dies schafft Balance und Ausgewogenheit für beide Seiten.

Erfüllung allein durchs Kind?

● ... in der Baguazone Reichtum, so ist das Kind Ihr ein und alles. Ihr Leben hat mit dem Kind einen neuen Sinn bekommen, Sie sind ganz besonders stolz auf Ihr Kind und schöpfen Kraft auch aus seinen kleinsten Fortschritten. Vergessen Sie dabei aber nicht Ihr eigenes Leben, denn neben Ihrem Kind sollte auch noch Platz sein für andere bereichernde Erfahrungen.

Das Kind im Mittelpunkt

● ... in der Baguazone Tai Chi, Ihrem Zentrum. Ihr Kind steht im Mittelpunkt Ihres Lebens, es prägt und beeinflußt so ziemlich alles um Sie herum. Sorgen Sie dafür, daß es Ihrem Kind gutgeht, aber denken Sie auch an sich selbst und die anderen Familienmitglieder. Sonst fühlt sich bald jemand ausgeschlossen, und es entsteht ein Ungleichgewicht in den häuslichen Beziehungen.

Unterstützung finden und geben

● ... in der Baguazone Hilfreiche Freunde, dann erleben Sie – ausgelöst durch Ihr Kind – möglicherweise bald eine neue und vielleicht bisher unbekannte Form der »Unterstützung« und der segensreichen »Zufälle«. Erfreuen Sie sich der Gunst des Schicksals, tun Sie aber auch selbst »helfende« Schritte, um Gutes für Ihre Umgebung zu schaffen. Das schafft eine fruchtbare Dynamik, und auch in Zukunft werden Sie viel Schönes und Interessantes erleben.

● ... in der Baguazone Kinder, dann gaben Sie Ihrem Kind gewissermaßen einen Platz in seiner energetischen »Heimat«. Hier darf das Kind Kind sein – die Gefahr, über das Kind unbewußt eigene Wünsche auszuleben, ist hier am geringsten. Die freie Entwicklung Ihres Kindes fördert auch Ihre eigene Kreativität und unterstützt einen spielerischen, freudvollen Umgang mit den schönen Dingen des Lebens.

Spielerischer Umgang mit dem Leben

● ... in der Baguazone Wissen, verbindet sich die Fähigkeit zu tiefer Innenschau mit der unbeschwerten Fröhlichkeit des Kindes. So werden versteckte Persönlichkeitsanteile und Wünsche eher bewußt, und Sie lernen, unkompliziert mit tieferen Wahrheiten und Erkenntnissen umzugehen. Der Auftrag: Offen sein »wie ein Kind« für neue Erkenntnisse. Vielleicht entwickelt auch Ihr Kind früh einen intensiven Zugang zu innerem Wissen.

Offenheit für neue Erkenntnisse

● ... in der Baguazone Ruhm, dann freuen Sie sich über eine unbeschwerte und heitere Ausstrahlung, die von Ihrem Haushalt in die Umgebung wirkt. Je fröhlicher und aufgeweckter Ihr Kind, desto lebendiger, vielleicht sogar charismatischer erscheinen Sie Ihrer Umgebung. Ihr Kind symbolisiert in gewissem Sinne das Licht, das »die Umgebung zum Strahlen bringt«.

Heitere, charismatische Ausstrahlung

Accessoires und Hilfsmittel

Passend zur
Kultur und
zum persön-
lichen
Geschmack

Im klassischen Feng Shui verwendete man spezielle Hilfsmittel wie Bambusflöten, Fächer, Glückssymbole oder spezielle Rituale, um das Chi zu lenken und zu harmonisieren. Die Gegenstände wurden auch wegen ihrer traditionellen Symbolik eingesetzt. Denn Hilfsmittel wirken unter anderem über ihre Symbolik. Hilfsmittel sollten aber zur eigenen Kultur passen und auf die Umgebung, den persönlichen Geschmack und die konkrete Verwendung abgestimmt sein. Nur dann können sie optimal wirken. Im folgenden möchte ich Sie mit »modernen« Hilfsmitteln und Methoden vertraut machen, die besonders gut für den Einsatz im Kinderzimmer geeignet sind.

Die richtige Wahl

Je nach Verwendungszweck können manchmal verschiedene Hilfsmittel zu einem ähnlichen Resultat führen. Überlegen Sie zuerst, was Sie mit einer Maßnahme erreichen möchten. Und wenn Ihr Kind alt genug ist, sollten Sie es in die Auswahl mit einbeziehen. Denn wenn alle von einer Sache begeistert sind, ist auch die Wirkung besser.
Am besten suchen Sie Hilfsmittel immer in Ihrem eigenen Umfeld, denn sie haben dann die stärkste Wirkung, wenn Sie beziehungsweise Ihr Kind eine emotionale Bindung daran haben.

TIP!

Wie es wirkt

● Jede Veränderung, ob Sie nun Möbel rücken oder eine dunkle Ecke ausleuchten, verändert die Energie eines Raumes spürbar. Er wirkt danach vielleicht freier, drückender, belebter …
● Manche Gegenstände haben eine besondere Ausstrahlung, die die Raumenergie ebenfalls stark beeinflußt. Solche Wirkungen machen Sie sich im Feng Shui zunutze.
● Eine wichtige Unterstützung jeder Feng-Shui-Maßnahme ist die Kraft der Gedanken. Zwar wirkt jedes Hilfsmittel allein schon durch seine Ausstrahlung und symbolische Botschaft. Zusätzlich aber fördert eine klare Vorstellung von dem Ziel, das Sie anstreben, die Wirkung.
Fragen Sie sich aber bitte stets, ob Sie eine Veränderung hauptsächlich wollen, damit es Ihnen persönlich besser geht, oder ob sie uneigennützig ausschließlich zum Besten Ihres Kindes ist.

Bewährte Standards

Es gibt auch einige sehr bewährte »Standard-Werkzeuge«, die vielseitig einsetzbar sind. Gehen Sie bei der Auswahl mit Bedacht und Gefühl vor, und beobachten Sie anschließend, was passiert.

Aufräumen für freien Fluß

Wirkung auf Raum und Elemente

Löst Stagnationen, bringt Chi in Fluß, aktiviert alle Fünf Elemente. Ein mit Spielzeug, Möbeln, Pflanzen oder sonstigem überladenes Kinderzimmer hemmt den Energiefluß und behindert die freie Entwicklung des Kindes.
▶ Regelmäßiges Entrümpeln und ein zumindest (!) einmal

TIP!

Ordnung am Schreibtisch

Jeder Gegenstand strahlt Energie und somit Schwingung in die Umgebung ab – deshalb ist es am unaufgeräumten Schreibtisch schwieriger, sich zu konzentrieren und zu lernen. Die Erfahrung hat gezeigt, daß ein kleiner Schreibtisch weniger Unordnung erlaubt und daher auch häufiger abgeräumt wird. Daher sollte der Arbeitsplatz Ihres Kindes eher klein ausfallen und besser ein zweiter Ablage- oder Computertisch (Seite 47) daneben aufgestellt werden. Das schafft ein freies »Cockpit« und sorgt für klarere Lernenergien.

jährlicher »Großreinemachtag« sind unerläßlich.
Das Kind entwickelt sich so schnell, daß viele Gegenstände ohnehin bald überholt und daher unwichtig sind. Platz zu schaffen für Neues sorgt für geistige und energetische Belebung.

Licht ist essentiell

Wirkung auf Raum und Elemente

Aktivierend und belebend. Stärkt das Feuerelement.
Licht ist ein essentielles »Lebensmittel«. Kinder benötigen ausgesprochen viel davon. Genügend Tageslicht im Kinderzimmer ist daher äußerst wichtig, ebenso eine gute künstliche Beleuchtung für die düsteren Abend-, Nacht-, Herbst- und Winterstunden.
▶ Ein Kinderzimmer braucht also ein großes Fenster oder zumindest mehrere kleine.
▶ Lampen sollten sich stimmungsvoll ergänzen und den Raum in helles, aber nicht aggressives Licht tauchen. Spots sollten nicht auf die Menschen gerichtet sein. Indirektes Licht schafft Stimmung, auch Eckleuchten oder Wandlampen. Nach oben strahlendes Licht bringt neben yangiger Feuerenergie auch anhebende »Holz«-Schwingungen in den Raum. Dies kann besonders in »drückenden« Räumen (Dachschräge, Balken) für Ausgleich sorgen.

Die Farbe der Elemente

Wirkung auf Raum und Elemente

Farben harmonisieren, gleichen Defizite oder Überschüsse in der Elementeverteilung aus.
- *Grün, Hellblau und Türkis aktivieren Holzenergie (Yang),*
- *Rot belebt Feuer (Yang),*
- *Gelb, Orange, Braun, Terrakotta, Beige entsprechen der Erde (neutral, also weder Yin noch Yang),*
- *Weiß, Grau, Silber und Gold sind Metallfarben (Yin),*
- *Dunkelblau und Schwarz entsprechen dem Wasser (Yin).*

Generell braucht ein Kind genügend Yang-Energie für Wachstum und Entfaltung. Neben Farben können auch Muster, Formen oder Licht für die nötige Yang-Energie sorgen.

Farbwahl entsprechend der Persönlichkeit des Kindes

▶ Ein ohnehin sehr aktives und lebendiges Kind sollte nicht überstimuliert werden. Vermeiden Sie daher jedes Extrem an Yang-Elementen. Um aber ein introvertiertes, zurückgezogenes Kind zu unterstützen, dürfen lebendigere und mutigere Farbtöne gewählt werden.

▶ Fügen Sie dem Raum stets auch die Farbe des eigenen Elementes (Mittlere/Kinderzahl des Neun-Sterne-Ki, Tabelle Seite 32/33, Farben siehe oben) bei.

▶ Dunkle Farben sollten Sie vorsichtig einsetzen, denn insgesamt soll das Kinderzimmer hell und freundlich wirken (Seite 42).

▶ Wolkige, lasierende Maltechniken sind für sehr aktive Kinder, klare Farben für Verträumte besonders gut geeignet.

Kräftige Farben tun introvertierten Kindern gut.

Muster lenken Energie

Lenken Energieflüsse, je nachdem, wohin das Muster zeigt. Können jedes der Fünf Elemente betonen.
- *Vertikalstreifen, alles Aufstrebende entspricht Holzenergie,*
- *spitze, dreieckige Formen aktivieren Feuer,*

Wirkung auf Raum und Elemente

- *Horizontale Muster sind dem Erdelement zugeordnet,*
- *metallisch ist alles Runde, Kuppel- und Halbkreisförmige, und*
- *»wäßrig« sind alle welligen, fließenden und unregelmäßigen Formen.*

▶ Tapeten, Gardinen, Teppiche, Holzvertäfelungen oder Jalousien betonen unterschiedliche Muster und Formen im Kinderzimmer. Je nachdem, welche Eigenschaften und Energien Sie besonders fördern möchten (Seite 37), können Sie einzelne Elemente mit Mustern gezielt ansprechen.

Teppiche – Inseln im Raum

Wirkung auf Raum und Elemente

Schaffen ein Zentrum im Raum oder lenken die Energie in bestimmte Richtungen. Aktivieren je nach Farbe und Muster unterschiedliche Elemente, fördern aber, wenn das Kind auf dem Teppich spielt, den »Erdbezug«.

Optimal fürs Kinderzimmer ist ein Holzboden und daraufgelegte Teppiche. Teppichböden sind aus hygienischen Gründen nicht empfehlenswert.

▶ Vermeiden Sie Kunstfaserprodukte. Besser sind Naturmaterialien, da sich die Kinder wahrscheinlich sehr häufig am Boden aufhalten werden. Atmungsaktive, natürliche Materialien haben nämlich eine bessere Chi-Ausstrahlung als Kunstprodukte.

▶ Schon ein einfacher Flickenteppich gibt dem Raum Stimmung und Harmonie, ist strapazierfest und kann regelmäßig gewaschen werden.

▶ Betonen Sie mit dem Teppich ein »Zentrum« im Raum, oder schaffen Sie mit seiner Hilfe eine ruhige Nische.

▶ Beachten Sie die Web- oder Musterrichtung bei langflorigen Teppichen, denn der Teppich sollte so liegen, daß er – mit der Webrichtung – von der Tür in den Raum hineinführt.

Regenbogenkristalle verzaubern Räume

Lichtwandler und Harmonisierungskünstler. Heben in sonnenbeschienenen Fenstern die Raum-

Regenbogenkristalle wirken harmonisierend und aktivierend.

Wirkung auf Raum und Elemente

energie, wirken in energetischen Durchzugsachsen harmonisierend und beruhigend. Verteilen das Chi. Auch als Mobile oder vor Problemkanten (Seite 44) geeignet. Aktivieren – in Kombination mit Licht – unbelebte Ecken.

Funkelnde Regenbogenkristalle werden von Kindern intuitiv heiß geliebt. Sie sind wahre Lichtboten und verzaubern die Raumschwingung. Kugelformen erzeugen mehr Yin-, Tropfenformen überwiegend Yang-Energien. Ideal auch zum Bremsen eines Tür-Fenster-Durchzugs.

▶ Hängen Sie die Kristalle einfach mit einem Faden innen ans Fenster.

▶ Die Kristalle sollten eine unbeschädigte Oberfläche haben und stets sauber geputzt sein.

Mobiles machen mobil

Wirkung auf Raum und Elemente

Beleben Raumzonen, in denen Energie stagniert, sorgen für luftige und heitere Schwingungen. Verteilen Chi und harmonisieren zu starke Energieflüsse.

Fast ein Muß für das Kinderzimmer: ein buntes, duftig sich an der Decke bewegendes Mobile bringt »Lebendigkeit« hinein.

▶ Mobiles über der Wiege oder dem Gitterbettchen erfreuen und fesseln jedes Kind.

Aber in jedem Alter schätzen Kinder (und auch viele Erwach-

sene) ihre fröhliche, »leichtfüßige« Ausstrahlung.

▶ Um zwischen Bett und Tür den allzu dynamischen Chi-Strom zumindest teilweise zu zerstreuen oder um aggressives Sha-Chi (Seite 44) einer Kante neben dem Bett zu »verwirbeln«, kann ein Mobile ebenfalls hervorragende Dienste leisten.

Bunte Fensterbilder

Wirkung auf Raum und Elemente

Bremsen Energiedurchzug und harmonisieren das Chi am Fenster. Können je nach Farbe und Motiv jedes Element aktivieren.

Bunte Fensterbilder, auch selbstgebastelte, mit farbigem Papier hinterklebte Scherenschnitte, sind wunderbare Chi-Aktivierer und Freudenbringer. Je bunter, luftiger und lustiger die Motive, desto besser.

Mobiles verbreiten luftige und heitere Schwingungen.

▶ Im Fenster gegenüber der Tür können sie zudem beunruhigenden Energiedurchzug stoppen.
▶ Oder sie helfen, von einem unerfreulichen Anblick außerhalb des Fensters abzulenken.

Poster machen Stimmung

Wirkung auf Raum und Elemente

Harmonisieren (je nach Motiv) die Raumenergie und können unbelebte Bereiche aufwerten. Je nach Motiv kann Poster jedes der Fünf Elemente aktiviert werden.
Ihr Sohn liebt Bilder ausbrechender Vulkane, Ihre Tochter steht mehr auf Delphine? So verschieden wie die Bildaussage, so unterschiedlich sind auch die Energien: Feuer und Wasser.

TIP!

Bagua-Fehlbereiche ausgleichen

Es gibt drei einfache Möglichkeiten, Fehlbereiche (Seite 56) auszugleichen:
● Ein Bild, das optische Tiefe hat, »öffnet« die Wand zum Fehlbereich. Auch ein Spiegel tut dies, sollte aber nicht im Schlafbereich eingesetzt werden (Seite 70).
● Sie beleben die betreffende Zone ersatzweise in einem anderen Wohnraum, in dem sich Ihr Kind öfters aufhält. Geeignet sind alle aktivierenden Hilfsmittel.
● Von außen: Liegen in der Zone Treppenhaus, Garten oder Balkon, gestalten Sie den Bereich bewußt mit Licht, bewegtem Wasser, Kunst oder einer schönen Pflanze.

▶ Achten Sie bei der Motivwahl auf das Gleichgewicht im Raum, vermeiden Sie Einseitigkeiten oder Extreme. Motive von Gewalt, Zerstörung oder Verfall sind fürs Kinderzimmer ungeeignet. Poster, die Wachstum, Frische, Fröhlichkeit und Unbeschwertheit symbolisieren, sind dagegen günstig. Lassen Sie Ihrem Kind aber seinen Geschmack, auch in »heftigen« Phasen (Seite 43) – sie sind Teil seiner Entwicklung.
▶ Um Dachschrägen nicht noch zusätzlich zu betonen, sollten hier keine Poster hängen – oder zumindest nur helle und luftige Motive von Himmel, Ballonen, Weitblick und Offenheit.
▶ Wenn Sie einen drückenden Balken ausgleichen möchten, sollte das Bild darunter ebenfalls ein »aufstrebendes«, »anhebendes« Motiv haben.

Klang harmonisiert

Wirkung auf Raum und Elemente

Klangspiele bremsen, harmonisieren und verteilen ein- und ausströmende Energien; Warnsignale an Plätzen mit Tür im Rücken. Aktivieren das Wasserelement.
Wohltuender Klang harmonisiert die Umgebung. Wichtig: Der Klang sollte dem Kind gefallen.
▶ Als Ausgleich bei Lärm- und Störeinflüssen aus der Umwelt sind Klangspiele hervorragend geeignet, aber auch, um einzelne

Raumzonen »energetisch vonein-
ander abzugrenzen« (zum Beispiel den Flur oder den Rest der
Wohnung vom Kinderzimmer,
oder innerhalb des Raumes die
Arbeitszone vom Ruhebereich).

Pflanzen sind Leben

Wirkung auf Raum und Elemente *Beleben das Kinderzimmer, harmonisieren aggressive Raumkan-
ten und bremsen energetische
Durchzüge (Seite 44). Sorgen für
Ausgleich bei Einseitigkeiten in der
Raumgestaltung. Symbolisieren
Leben und aktivieren Lebensenergie. Je nach innerer Schwingung
gibt es Pflanzen aller Fünf Elemente (Buchtip Seite 93).*
Die frühlingshafte Lebensenergie
der Pflanzen ist für Kinder besonders wichtig.
▶ Es sollten nicht zu viele sein,
aber einige Topfpflanzen sind
günstig. Ideal wäre es, wenn Ihr
Kind sich selbst um seine Pflanzen kümmern würde. Gehen Sie
aber davon aus, daß Sie gelegent-
lich selbst ein bißchen mithelfen.
▶ Eine ideale Pflanze für das
Kinderzimmer ist die zartrosa
blühende »Topfrose« (Rosa chi-
nensis). Sie hat eine stark stim-
mungsanhebende Ausstrahlung
und hilft, seelische Verwundun-
gen schneller zu überwinden.
Damit sie ihre harmonisierende
Wirkung voll entfalten kann,
sollte sie gut im Blickfeld stehen.

Ideal fürs
Kinderzim-
mer: die
Topfrose
Rosa chi-
nensis.

▶ Auch als Motive auf Postern,
Bettdecken oder Tapeten sind
Pflanzen zu empfehlen.

Tiere – die besten Freunde

*Sorgen für Lebendigkeit im Kin-
derzimmer und der ganzen Wohnung. Heben das Chi. Tiere mit
Fell aktivieren das Element Feuer,
Fische das Element Wasser.*
Haustiere sind mitunter die
besten Freunde von Kindern. Auf
feinstofflicher und intuitiver
Ebene »verstehen« sich Kinder
und Tiere. Die Beziehung zu seinem Tier gibt dem Kind Rückhalt, und es lernt, Verantwortung
für ein anderes Lebewesen zu
übernehmen. Im Gegenzug
bekommt es von seinem Tier
Wärme und Zuneigung.

Wirkung auf Raum und Elemente

▶ Jene Zonen des Kinderzimmers, in denen sich das Tier aufhält, sind von besonderer Energie geprägt. Tiere aktivieren durch ihre Anwesenheit einen Platz. Allerdings sollten die Stellen, an denen sich eine Katze gerne aufhält, nicht vom Kind genutzt werden – Katzen sind »Strahlensucher« und bevorzugen belastete Plätze. Liegt die Katze daher häufig im Bett Ihres Kindes, kann dies zwar mit der wohligen Wärme oder der Nähe zu Ihrem Kind zu tun haben, es kann aber auch ein Hinweis auf eine unterirdische Störung sein. Ziehen Sie einen erfahrenen Radiästheten (Seite 48) zur Analyse des Schlafplatzes heran. Hunde hingegen meiden Strahlenplätze. Wo sich der Hund

Ob Hund, Katze oder Hamster – ein Tier ist oft der beste Freund des Kindes. Auf intuitiver Ebene verstehen sich die beiden bestens.

gerne aufhält, sind erfahrungsgemäß »gute« Plätze.

▶ Tiere können mit »ihrem« Menschen energetisch sehr eng verbunden sein. Deshalb zeigen sie durch ihr Verhalten oft an, wie es ihrer Bezugsperson ergeht. Ist das Tier häufig krank, so erlebt meist auch das Kind gerade eine schwierige Phase.

»Wie der Herr, so's Gescherr.«

Mit Vorsicht zu behandeln

Nicht alle Feng-Shui-Hilfsmittel passen gleich gut ins Kinderzimmer. Manche Gegenstände können den Raum auch allzustark mit Energien aufladen.

▶ Von Spiegeln weiß man, daß sie unterschiedlichste Energien kreuz und quer durch den Raum reflektieren. Um Unruhe und Schlafprobleme zu vermeiden, sollten Sie daher auf Spiegel im Kinderzimmer besser verzichten.

Spiegel können Unruhe verbreiten

▶ Ähnlich verhält es sich mit den DNS-Spiralen (zwei ineinander gedrehte Spiralen, ein beliebtes Feng-Shui-Hilfsmittel), deren Energien fürs Kinderzimmer ebenfalls zu stark sein könnten.

DNS-Spiralen wirken sehr stark

▶ Auch Zimmerbrunnen oder Aquarien sollten – falls überhaupt im Kinderzimmer – nur mit gehörigem Abstand zum Bett (siehe dazu auch Seite 46) aufgestellt und in der Nacht besser

Wasser kann den Schlaf stören

ausgeschaltet werden. Nun kann sich die Raumenergie wieder so weit beruhigen, daß auch Ihr Kind ausreichend Ruhe und Geborgenheit findet.

Kreative Extras

Alles, was den Raum zusätzlich lebendiger macht und eine kreative Nutzung fördert, ist günstig für das Kind. Je »neutraler« der Raum – einfarbige Wände, Parkettboden und Fichtenholzmöbel – desto wichtiger sind ergänzende Accessoires und praktische Hilfsmittel.

Mehr Farbe ▶ Mehr Farbe bringen Sie in den Raum, indem Sie Möbel bunt bemalen – die Spielzeugtruhe, das Bett, das Regal oder der Schrank können Farbe gut vertragen (Tips zur Farbwahl finden Sie auf Seite 42 und 65).

Stauraum für Spielzeug ▶ Das Kind sollte bald lernen, für Ordnung im eigenen Zimmer zu sorgen (Seite 89). Je aufgeräumter, desto mehr Freiraum zum Spielen! Einfache Weidenkörbe oder stapelbare Boxen schaffen Extra-Stauraum. Zusätzlichen Stauraum für Spielzeug und die vielen kleinen Schätze des Kindes schaffen auch aus Stoff oder Jute genähte Taschen, die Sie an die Wand, das Regal oder ans Stockbett hängen können.

Selbstgemachtes

In einem allzu braven, von den Eltern bereits fertig eingerichteten »Vorzeige«-Kinderzimmer wird sich Ihr Kind immer ein bißchen fremd fühlen. Sorgen Sie dafür, daß das Kind sich ausreichend selbst einbringen darf, und helfen Sie ihm aktiv bei seinen Gestaltungs- und Dekorationsbemühungen.

▶ Eine knapp über dem Boden an der Wand befestigte, mit Tafelfarbe bestrichene Hartfaserplatte unterstützt auf praktische Weise den natürlichen Mal- und Schreibdrang des Kindes.

▶ Überhaupt sollte es nichts ausmachen, wenn Wände, Boden oder Möbel mit Buntstiften, Fingerfarben oder Ölkreiden »ver-

Eine Schatzkiste für all die kleinen Schätze der Kinder hilft beim Aufräumen.

Malen erlaubt!

ziert« werden. Kinder müssen sich austoben können, und je mehr Möglichkeiten Sie dazu schaffen, um so besser.

▶ Jede Bagua-Zone eignet sich für Kreatives, ganz besonders wichtig ist aber die lebendige **Gestaltung der Kreativitätszone** im Kinderzimmer. Hier sollte anstelle eines schweren Schrankes lieber das Bett sein oder der Spielbereich. Und hier ist der beste Platz für Selbstgemaltes und Selbstgebasteltes, für vom Spaziergang mitgebrachte Kieselsteine, Muscheln, Blätter oder Holzstücke. Erlaubt ist, was gefällt, und – besonders wichtig – wozu Ihr Kind einen persönlichen Bezug hat. Außerdem zeigen Sie ihm Anerkennung, wenn Sie Ihrem Kind ermöglichen, seine schöpferischen Produkte ausreichend zur Schau zu stellen.

▶ Übrigens sollten Kinderwerke auch außerhalb des Kinderzimmers an verschiedenen Stellen der Wohnung Platz finden – das stärkt das Selbstwertgefühl und wirkt verbindend auf die Familie.

Gestaltung der Kreativitätszone

Die Wohnung als Galerie

Requisiten fürs Spiel

Ihr Kind wird beim Spielen mit Haut und Haaren in die Welt der Phantasie eintauchen. Pappkartons werden kurzerhand zu Burgen, Feuerwehrhäusern oder Tankstellen umfunktioniert, aus

TIP!

Raum zum Spielen

Der Wert des unbeschwerten Spielens wurde lange Zeit nicht richtig erkannt und daher auch nicht gewürdigt: Kinder brauchen aber den kreativen Selbstausdruck, die Auseinandersetzung, das Abenteuer und die Euphorie des gemeinsamen Spiels. Schaffen Sie sowohl räumlich als auch zeitlich genügend Freiraum für tägliches Spiel. Und unterstützen Sie den Kontakt und Austausch Ihres Kindes mit gleichaltrigen Freunden. Wenn Tennisstunde, Ballettunterricht und Nachhilfe nahezu den ganzen Nachmittag vereinnahmen, dann bleibt zuwenig Zeit für unbeschwertes, unreguliertes Erleben und Lernen. Wie Sie gemeinsam mit Ihrem Kind spielen können und es dabei ganz ohne Streß gezielt fördern und seinen Anlagen gemäß unterstützen, erfahren Sie ab Seite 80.

Zeitungen werden rettende Inseln im Meer, und einer Prinzessin genügt eine aus Papier gefertigte Krone zum Glück.

▶ Sammeln Sie übers Jahr die verschiedensten Requisiten in einer Kiste, und Sie werden mit Freude erleben, wie wenig Kinder zum Glücklichsein brauchen – sofern sie noch nicht durch übermäßigen Einfluß von TV, Computern oder Elektronikspielzeugen zu passiven Konsumenten »erzogen« wurden.

Je einfacher, desto anregender für die Phantasie

Das innere Wesen optimal unterstützen

... aufgrund der Neun-Sterne-Kinderzahl

Sie kennen nun eine Menge Einrichtungstips für die kindgerechte und energierichtige Gestaltung der Kinderzimmer. Sobald Sie mehr über die innere Energie Ihres Kindes wissen, also über seine individuelle Persönlichkeit und die inneren Anlagen, können Sie aus der Vielzahl an Möglichkeiten noch genauer auswählen. Dazu benötigen Sie die »Kinderzahl« des Neun-Sterne-Ki (Seite 30). Diese beschreibt die wesentlichen Anlagen Ihres Kindes – und daraus können Sie konkrete Maßnahmen ableiten.

Das »Heimatelement« stärken

... mit den richtigen Farben, Formen und Accessoires

Jeder der neun Zahlen wird ein Element zugeordnet (Seite 32), und dieses »Heimatelement der Kinderzeit« sollte bei der Gestaltung des Kinderzimmers besonders berücksichtigt werden. Welche Hilfsmittel welches Element fördern, finden Sie ab Seite 64.
▶ Sorgen Sie dafür, daß durch Farben, Formen und Accessoires das »Heimatelement« ausreichend stark vertreten ist. Bei der Kinderzahl 3 oder 4 wäre es bei-

spielsweise Holz: Aufstrebende Formen, die Farbe Grün oder Naturmotive sind hier richtig.
▶ Bringen Sie außerdem die Energie des fördernden Elementes ein (Seite 20). Bei Holz wäre das Wasser, also dunkelblau, wellige Formen und Wassermotive oder auch ein Zimmerbrunnen.
▶ Zwar sollten die drei anderen Elemente ebenfalls im Raum vorkommen, aber der Schwerpunkt sollte auf den beiden Haupt-Elementen liegen. In Zahlen ausgedrückt: Diese beiden sollten etwa zur Hälfte oder geringfügig mehr im Raum vorhanden sein,

Kein Element sollte überhandnehmen – in diesem Raum sind Wasser- und Holzenergie zu stark vertreten.

KINDER-ZAHL	HEIMAT-ELEMENT	NÄHRENDES ELEMENT
1	Wasser	Metall
2	Erde	Feuer
3	Holz	Wasser
4	Holz	Wasser
5	Erde	Feuer
6	Metall	Erde
7	Metall	Erde
8	Erde	Feuer
9	Feuer	Holz

während sich die verbleibenden drei Elemente die restlichen 40 bis 50 Prozent teilen.

Ein Beispiel

Marcus, geboren am 12.6.1993 hat als Kinderzahl eine 4 (7·4·8). Bis er etwa 18 Jahre alt ist, wird sein Leben unter dem dominanten Einfluß der Vier – und des Holzelementes – stehen.

1 Sein Kinderzimmer sollte also besonders »holzig« gestaltet sein. Hellblau, Grün oder Türkis, aufstrebende Formen und Muster, dazu Bilder, Vorhänge oder Bettwäsche mit Naturmotiven, auch Zimmerpflanzen bringen Holzenergie in den Raum. Das Ganze sollte besonders kreativ-lebendig wirken. Damit haben Sie das »Heimatelement« ausreichend verankert und Marcus ein Umfeld geschaffen, das seinem inne-

Das Holzelement hervorheben

ren Wesen besonders entspricht.
2 Das zweite herausragende Element ist das für Holz förderliche »Wasser« (Seite 20). Am besten bringen Sie Wasserenergie ins Zimmer durch Gardinen (wellige Form), etwas dunkleres Blau (allerdings nicht zuviel, weil das Zimmer sonst »kalt« wirken könnte), Tapeten oder Stoffmuster in unregelmäßigem, welligem Dekor oder durch Bilder mit Wasserlandschaften. Auch ein Aquarium oder ein kleiner Zimmerbrunnen aktivieren Wasserenergie. Diese Hilfsmittel sollten aber sehr behutsam eingesetzt werden, denn kein Element darf auf Kosten der anderen extrem überbetont werden (Seite 19).
3 Ergänzen Sie nun den Raum mit Gegenständen und Hilfsmitteln, die den drei weiteren Elementen entsprechen: etwa mit einem roten Bilderrahmen (Feuer), einem Teppich mit vielen Gelb-, Orange- oder Ockeranteilen (Erde), und lassen Sie die Deckenfarbe weiß (Metall).
▶ Sollte Ihr Kind gerade eine Phase haben, in der ganz andere Farben und Formen »angesagt« sind, dann sorgen Sie dafür, daß zumindest ein wenig Heimat- und Förder-Element im Raum spürbar sind. Das hilft Ihrem Kind, auch extreme Lebensphasen mit Hilfe der stärkenden Energien leichter zu bewältigen.

Holz mit Wasser nähren

Dazu ein bißchen Feuer, Erde und Metall

Unterstützung in allen »Phasen«

Ein Garten für Kinder

**Das erwei-
terte Kin-
derzimmer**

Wenn Sie sich in der glücklichen Lage befinden, einen eigenen Garten zu besitzen, sollten Sie diesen zum »erweiterten Kinderzimmer« umfunktionieren.

Freiraum und eine Extra-Portion Chi

Kinder brauchen Bewegungsraum und Platz zum Herumtollen, zum Verstecken und Spielen. Im Garten werden viele neue Möglichkeiten eröffnet, die selbst in der größten Wohnung nicht vorstellbar wären. Bäume, Sträu-

cher, Hecken und sonstige Pflanzen sorgen für eine geballte Ladung an Chi. Da Kinder eine große Dosis Chi benötigen, um zu wachsen, sich gesund und selbstbewußt zu entwickeln, bietet der Garten eine gute und notwendige Ergänzung zum Aufenthalt in Innenräumen.

Stubenhocken führt zu Chi-Mangel

Je freier sich ein Kind bewegen kann, desto besser. Wer nur in Innenräumen aufwächst, wird nicht nur zum Stubenhocker, es

Draußen zu spielen fördert das Chi und ermöglicht Erfahrungen, wie sie kein Innenraum bieten kann.

verkümmern auch viele natürliche Reflexe, und so manche nur über Spiel und Sport erlernbaren Eigenschaften können sich nicht ausprägen. Häufig entwickeln Kinder mit mangelndem Naturkontakt schon früh eine betont geistige und intellektuelle Orientierung. Ihnen fehlt es an »Erdung«, Verwurzelung und kraftvoller innerer Beständigkeit, was sich oft erst viel später im Leben als Einseitigkeit oder Mangel herausstellt.

Stubenhockern mangelt es an »Erdung«.

Bei jedem Wetter ...

Beziehen Sie daher den Garten – auch wenn er noch so klein ist – in Ihre Freizeitaktivitäten mit ein. Und ermuntern Sie Ihre Kinder, sich so oft wie möglich im Freien zu bewegen. Dazu muß nicht immer die Sonne scheinen, im Gegenteil wird Ihr Kind viel mehr Widerstandskräfte ent-

Hauptsache: im Freien!

TIP!

Die Natur in ihrer ganzen Vielseitigkeit zu erleben, regt die Phantasie an und fördert die Kreativität – ein notwendiger Ausgleich zur »vorgefertigten« Lebens- und Spielumgebung im Kinderzimmer, in der Wohnung, im Kindergarten und in der Schule. Gehen Sie deshalb möglichst viel mit Ihrem Kind ins Grüne, wenn Sie keinen eigenen Garten haben!

wickeln, wenn es sich auch bei wechselnden Witterungsverhältnissen im Freien aufhält.

Einladung zum Spiel

Gestalten Sie Ihren Garten betont abwechslungsreich und lebendig.

▶ Die sterile Rasenfläche, auf der neben pflegeleichten Nadelgehölzen nichts anderes Platz findet, könnte durch Laubgehölze, Blumen, Kräuter, Beeren und Früchte (ganz wichtig!) oder eine Blumenwiese ersetzt oder zumindest ergänzt werden.

Abwechslung ist das A und O

▶ Schaffen Sie etwas dichter bewachsene Zonen mit Unterholz zum Verstecken, lassen Sie aber auch ein Wiesenstück frei zum Ballspielen und Herumtollen.

▶ Wasser hat bekanntlich auf Kinder eine besondere Anziehungskraft: Schaffen Sie eine Stelle im Garten, wo Ihre Kleinen nach Herzenslust »pritscheln« dürfen, und schauen Sie einfach weg, wenn Sie Ihre Kinder auf den ersten Blick nicht wiedererkennen ...

Ein bißchen Wasser zum Pritscheln

Schaukel & Co.

Es muß nicht immer der superaufwendige Spielplatz sein, der Kinder glücklich macht.

Perfektion ist nicht gefragt ▶ Manchmal reicht auch die improvisierte Schaukel am Ast eines Baumes, und zum Graben und Burgenbauen tut's oft auch der einfach angeschüttete Erd- oder Sandhaufen. Stellen Sie kindgerechte Schaufeln, Eimer, Siebe und sonstige Kleinwerkzeuge zur Verfügung – Anleitung müssen Sie nicht geben, die Kinder werden schon selbst herausfinden, was sie damit alles anstellen können.

Die Höhle zum Kuscheln

Das »eigene Haus« – eine wichtige Erfahrung Baumhaus, Hütte oder Indianerzelt – die Phantasie der Kinder blüht auf, und schnell wird dies der Lieblingsplatz aller Kinder aus der Nachbarschaft. Denn auch im Garten wollen Kinder sich verstecken, ihr »eigenes Haus« bewohnen und sich verkriechen in eine gemütliche Höhle.

▶ Bauen Sie (mit älteren Kindern gemeinsam) eine Hütte, oder stellen Sie ein Zelt auf – und lassen Sie die Kinder dort ungestört ihren eigenen Phantasien und Spielen nachgehen. Das ist eine wichtige Schlüsselerfahrung für ihr Leben, denn hier gibt es einen Platz, über den sie selbst bestimmen können. Eigenverantwortlichkeit und Selbstwert werden dadurch besonders gestärkt.

Wo im Garten?

Nicht die Stelle ist so wichtig, wo die Kinder spielen dürfen, sondern die Tatsache, daß sie überhaupt genügend Raum und eine inspirierende Umgebung zur Verfügung haben. Idealerweise wäre der Kinderspielbereich natürlich in der Bagua-Zone Kinder (»Kreativität« im Kinder-Bagua), da sich Ihre Kleinen hier besonders gerne aufhalten werden. Aber nur, wenn es die Situation in Ihrem Garten auch wirklich zuläßt und genügend Platz zur Verfügung steht, sollten hier die Spielgeräte untergebracht werden. Ansonsten tut's auch jeder andere Bereich – Hauptsache, die Kinder dürfen sich ungezwungen bewegen.

Ein Garten, in dem es sich so richtig abenteuerlich und phantasievoll spielen läßt, ist für Kinder das Größte.

Raum für Erfahrungen

Von klein auf lernen Kinder fürs Leben, in erster Linie durch Erfahrung und Vorbild. Erziehung ist deshalb am fruchtbarsten, wenn sie dem Kind ermöglicht, durch das Verhalten der Eltern und durch vielfältige eigene Erfahrungen zu erleben, welche Reaktionen und Strategien erfolgreich und ihm gemäß sind. Zusammen mit einem stimmigen Umfeld sorgt eine solche Erziehung für eine harmonische Zukunft. Gelingt es Eltern, Lehrern und Bezugspersonen, das Kind in seinem wahren Wesen zu erkennen, um daraus den richtigen Umgang mit ihm abzuleiten, werden die Kindheitserfahrungen überwiegend positiv und förderlich sein. Die Prinzipien des Feng Shui sind dabei sehr hilfreich.

Spielend fürs Leben lernen

Am besten und am lustvollsten lernen Kinder beim Spielen – das ist bei Erwachsenen übrigens nicht anders.

Die Entwicklung sanft fördern

Kinder spielen gerne und freuen sich über alles, was Bewegung verspricht und Spaß macht. Spielen Sie also mit Ihren Kindern!

Spiele wirken vielfältig

● Sie können damit die Entwicklung Ihres Kindes sanft und unaufdringlich fördern;
● Einseitigkeiten lassen sich spielerisch ausgleichen (Seite 22);
● Sie können die momentane Situation Ihres Kindes besser wahrnehmen und auf ungezwungene Weise feststellen, was Ihrem Kind zur Zeit besonders fehlt.
● Beim Spielen erlebt Ihr Kind Situationen, die Alltagsereignissen ähnlich sind; dabei kann es wichtige Erfahrungen sammeln.

Ungleichgewicht erkennen

Jedes Kind hat seine Stärken und Schwächen. Im Feng Shui der Erziehung geht es – wie bei der Wohnungseinrichtung – darum, für Gleichgewicht und Harmonie zu sorgen. Auf Basis der Fünf-Elemente-Lehre (Seite 19) können Sie Ihr Kind gezielt unterstützen.

Welche der Elemente sind in Ihrem Kind besonders stark veranlagt und welche eher schwach? ▶ Beobachten Sie Ihr Kind im Alltag und beim Spielen, denn Einseitigkeiten oder Mängel zeigen sich manchmal sehr deutlich. Auch der Test auf Seite 28 kann Sie dabei unterstützen, Ihr Kind besser zu verstehen.

Stärken und Schwächen in der Elementeverteilung

Sollten Sie dabei größere Defizite entdecken, ist das noch lange kein Malheur, denn Ungleichgewichte sind die Triebfeder des normalen menschlichen Lernens. Wenn Sie Ihrem Kind die bestmögliche Unterstützung für seinen Entfaltungs- und Reifungsweg geben, wenn es sich auch in schwierigen Situationen nicht alleingelassen fühlt, wird es mit der Zeit seine innere Harmonie finden.

Bedenken Sie aber stets, daß lenkende Maßnahmen für Ihr Kind nur dann hilfreich sind, wenn sie liebevoll und nicht manipulativ eingesetzt werden.

Liebevolle Unterstützung

Der Intuition vertrauen

Wenn Sie Ihr Kind nun beobachten und wenn Sie gemeinsam spielen, sollten Sie sich dessen bewußt sein, daß nichts ausschließlich »schwarz« oder »weiß« ist – zu viele individuelle Zwischentöne sind in der Persönlichkeit eines Menschen möglich. Bleiben Sie stets offen und unvoreingenommen, und begegnen Sie Ihrem Kind mit Liebe und Verständnis: Insofern zeigen alle Informationen dieses Buches lediglich »Möglichkeiten« auf, niemals aber ein »Muß«. Vertrauen Sie in erster Linie Ihrer Intuition, und passen Sie jede Maßnahme an Ihre individuelle Situation an – dann werden sich alle Beteiligten damit gut fühlen.

Im Spiel wird die Persönlichkeit sichtbar – aber sie hat mehr Facetten, als es auf den ersten Blick erscheinen mag.

Spiele für alle Elemente

Durch spezielle Spiele und Übungen kann Ihr Kind genau jene Erfahrungen sammeln, die ihm derzeit aufgrund eines Elementedefizits noch fehlen. Nun sollten Sie aber nicht nur die schwächeren Elemente fördern.

▶ Am besten kann Ihr Kind die derzeit noch nicht so harmonisch veranlagten Elemente entwickeln, wenn es sie im Zusammenhang mit »starken Erfahrungen« üben kann. Denn wenn das Kind »in seinem Element« ist, wird es sich leichter tun und erfolgreicher sein als in »fremdem Terrain«, wo es eher mal zu Frustrationen kommt. Deshalb sollten alle Fünf-Elemente-Spiele abwechselnd angeboten werden.

Wichtig: alle Fünf Elemente »durchspielen«

Einige Tips vorab

▶ Die folgenden Übungen sind eigentlich überall einsetzbar: Wenn Sie mit Ihren Kindern im Garten oder in der Wohnung herumtollen, beim Sonntagsausflug oder am Urlaubsort – immer können spontan einige lustvolle Minuten dem »Fünf-Elemente-Lernen« gewidmet werden.

Wo spielen?

▶ Auch wenn Sie noch nicht so genau wissen, worauf Sie zusteuern sollen: Wenn Sie bei der Aus-

Was spielen?

wahl der Spiele genügend Raum für alle Elemente schaffen, dann werden Sie automatisch das Richtige tun, denn Sie vermeiden Einseitigkeit und verschaffen allen Energien ausreichend Raum.

Wer spielt? ▶ Mutter, Vater, Tante, Oma, Opa & Kind: Alle Spiele wurden so ausgewählt, daß sie gut zu zweit machbar sind, einige eignen sich aber auch hervorragend als Gruppenspiele.

Variationen sind erlaubt ▶ Variationen sind – je nach örtlichen Erfordernissen und spontanen Bedürfnissen – durchaus erlaubt, verlieren Sie aber nie das Ziel des Spiels aus den Augen: Sie finden die Zielbeschreibung jeweils zu Beginn der Anleitung.

▶ Letztlich sind die Übungen als Modelle zu verstehen: Sie können selbst ähnliche, zu Ihrem Kind und der Situation passende Spiele und Übungen erfinden.

TIP!

Zur Einstimmung: Klopfmassage

Ein kleines Ritual zu Beginn ist vor allem für jüngere Kinder ein guter »Startschuß«.

▶ Ideal ist zum Beispiel eine Klopfmassage: Einer stellt oder legt sich entspannt hin, der andere klopft mit lockeren Fäusten sanft auf Schultern, Arme, Rücken, Po und Beine.

▶ Auch ausgiebiges Dehnen und Gähnen paßt gut als Einstieg.

»Holz«-Spiele

▶ *Ziel: Neues ausprobieren; Raumorientierung, Körperkoordination und Bewegungsausdruck verbessern.*

Häschen auf der Wiese

1 Sich zum Himmel strecken wie die höchsten Äste eines Baumes, fast unerreichbar hängende Äpfel pflücken, sich recken, um noch die allerhöchsten Wolken zu »berühren« – alle diese Übungen fördern Holzenergie.

Für 3- bis 6jährige

2 Wenn dann genügend Äpfel im Korb sind und alle Wolken berührt wurden, verwandeln sich die Spieler in junge Häschen und springen, hoppeln und laufen übermütig kreuz und quer »über die Wiese«.

3 Nach einigen Minuten Auslauf hocken sie sich einander gegenüber auf den Boden. Nun springen sie auf Zuruf abwechselnd oder gleichzeitig aus der Hocke so hoch wie möglich »zu den Wolken«, als wollten die Häschen unbedingt fliegen lernen. Der Größenunterschied zwischen Erwachsenem und Kind wird sicher lustig wirken, aber Ihr Kind wird das nicht stören. Sollten Sie als »alter Hase« aus der Puste kommen, darf Ihr Kind zweimal springen, während Sie sich ein bißchen ausruhen.

3 Bleibt ein Spieler aber stehen, friert er am eisigen See sofort an. So festgefroren, muß er nun den Körper warmhalten, indem er sich möglichst intensiv bewegt. Kopf, Schultern, Oberkörper, Hüften, Zehen und was sonst noch möglich ist, werden bewegt, geschüttelt, gerieben und gebeugt – aber Achtung auf das Tablett!

Für 7- bis 10jährige

»Feuer«-Spiele

▶ *Ziel: Gemeinsamkeit erleben, Spaß haben und lachen, sich mit anderen austauschen.*

Vorsicht, Schlange!

1 Ein Spieler stellt sich mit einem Spielseil in die Mitte des Raumes: Das Seil ist jetzt eine »gefährliche Schlange«. Schlingernd zischelt die hungrige Schlange durch den Raum – am Anfang noch sehr langsam, später immer schneller. Dabei kommt sie dem verfolgten Kind gefährlich nahe. Die einzige Rettungsmöglichkeit, um dem tödlichen Biß zu entgehen: beherzt drüberspringen. Gerettet ist man, wenn das Seil nicht berührt wird. Doch kaum wähnt sich das Kind in Sicherheit, wird es bereits wieder verfolgt. Da die Schlange nun so richtig in Fahrt kommt, folgen auch die rettenden Sprünge in immer kürzeren Abständen.

Für 3- bis 6jährige

Beim Holz-Spiel »Häschen auf der Wiese« kann's ganz schön wild zugehen.

Pinguin im Eiscafé

1 Die Spieler »wackeln« wie Pinguine mit schlenkernden Armen über eine spiegelglatte Eisfläche.
2 Erschwert wird die Sache dadurch, daß der Pinguin auch als Kellner im Eisrestaurant arbeitet: Obwohl er ständig auszurutschen droht, muß er ein Tablett voll mit köstlichen Eisbechern sicher an sein Ziel bringen. Je ausgefallener und abenteuerlicher die Verrenkungen, Grimassen und Körperhaltungen, desto lustiger.

Zischelnd
verfolgt die
hungrige
Schlange
das Kind ...
eine span-
nende
»Feuer«-
Übung.

● *Variante für eine Gruppe:*

2 Sobald die Kinder genügend Sicherheit beim Drüberspringen haben, gilt die Regel: zu zweit oder zu dritt gleichzeitig springen, dabei darf kein Kind die Schlange berühren, sonst sind alle verloren.

3 Noch schwieriger wird das Spiel, wenn die Kinder sich auch noch an den Händen fassen müssen. Dabei darf die Schlange aber nur sehr langsame Bewegungen machen.

Ball-Kontakt

1 Die Spieler dürfen sich bei rhythmischer Musik zunächst mal so richtig »auslaufen«, kreuz und quer über den Platz.
2 Danach stellen sich die Partner einander gegenüber und nehmen einen weichen Ball so zwischen sich, daß er möglichst tief zwischen ihnen eingeklemmt wird, ohne herunterzufallen.
Ab jetzt dürfen die Hände nicht mehr verwendet werden.
3 Nur durch Körperverrenkungen müssen die Partner den Ball nach oben befördern. Fällt er herunter, beginnen sie von vorn.
4 Geübtere Paare werden dann mit dem Ball durch den Raum geschickt – sie bewegen sich seitlich, rückwärts, vorwärts – auf abwechselndes Kommando.
Lange hält der Ball nie, und je mehr gelacht wird, desto besser.

Für 7- bis 10jährige

»Erde«-Spiele

▶ *Ziel: Erdung, Zentrierung und Standfestigkeit finden und in die eigene Mitte kommen.*

Elefanten im Dschungel

1 Behäbig wie schwere Elefanten stapfen die Kinder durch den Raum und stellen sich vor, daß sie tiiiefe Fußspuren ins feuchte Erdreich drücken.

Für 3- bis 6jährige

2 Nun wird der Boden aber nach einem Gewitter erst so richtig schlammig. Um nicht ganz im Matsch zu versinken und wenigstens ein Bein sauber zu halten, tun sie sich zu zweit oder zu dritt zusammen, um den Dschungel zu durchqueren. So hebt jeder das linke Bein, sie umfassen sich mit den Armen, und als »Einbeinige« hopsen sie nun elefantenmäßig behäbig gemeinsam zur Futterstelle.

3 Auf dem anderen Bein geht's dann gemeinsam zum nächsten Futterplatz.

Baum im Wind

Für 7- bis 10jährige

1 Die Spieler stehen einander gegenüber. Mit geschlossenen Augen, die Füße etwa hüftbreit, verwandelt sich einer der beiden in einen Baum – zunächst ist es nur ein zartes Pflänzchen, wächst dann aber rasch zu einem Bäumchen heran und wird schließlich ein stattlicher, kräftiger Riese. Seine Wurzeln sind tief in der Erde vergraben und geben ihm Halt und Stabilität.

2 Nun verwandelt sich der Partner in einen Sturm. Zunächst umfächelt er noch sanft den Baum, doch rasch rüttelt er wie ein wilder Orkan am Baum – er darf dabei den Baum auch anfassen, aber ihm nicht wehtun. Der Sturm läßt sich immer wieder etwas Neues einfallen, um den Baum zu fordern. Von allen Seiten wird mal sanfter, dann plötzlich wieder heftiger gepustet, gestürmt, gerüttelt – und vielleicht auch ein bißchen gekitzelt. Nun muß der Baum seine Stabilität beweisen.

3 Wenn der Baum genügend gerüttelt und getestet wurde, darf er sich kurz erholen.
Danach wird gewechselt.

»Metall«-Spiele

▶ *Ziel: Grenzen erkennen – bei sich und anderen; Toleranz, Eigenwahrnehmung, Respekt und soziale Kompetenz entwickeln.*

Schatten-Figuren

1 Zu zweit bewegen sich die Spieler durch den Raum. Dabei spielt einer den Schatten des anderen: Er folgt ihm und kopiert die Bewegungen des Vordermanns. Diese dürfen ruhig ausgefallen sein.

Für 3- bis 6jährige

Die Spieler sollen achtgeben, daß sie sich auch in besonders schnellen Spielphasen nie berühren.
Vor allem, wenn ein Erwachsener mit einem Kind spielt, kann dieses Spiel durch den Größen- und Altersunterschied sehr komisch sein. Lachen Sie aber den anderen nicht aus, Andersartigkeit braucht Toleranz, und gerade die

wollen wir ja mit diesem Spiel ebenfalls üben.

Berühren verboten

1 Die Spieler gehen durch den Raum und beobachten dabei die Atmung: Wie und wo bewegt sich der Brustkorb?
2 Mit einer genügend langen Schnur wird dann am Boden ein großer Kreis um die Spieler ausgelegt. Das Kreisinnere ist das Spielfeld. Hier müssen nun unterschiedliche Bewegungsübungen gemacht werden, zum Beispiel: rückwärts hüpfen, mit dem Kopf eine Acht beschreiben, Arme seitlich ausstrecken und im Gehen niemanden berühren. Jeweils ein Spieler sagt die Übungen an, der andere darf nach ein, zwei Minuten den Kreis ein bißchen verkleinern.
3 So wird das Spielfeld von Mal zu Mal kleiner, bis es fast unmöglich wird, sich noch zu bewegen. Am Schluß sind fast artistische Fähigkeiten gefragt, um die Aufgabe richtig durchzuführen, weiterhin innerhalb des Kreises zu bleiben und gleichzeitig den Mitspieler nicht zu berühren.

Für 7- bis 10jährige

● *Variante für eine Gruppe:* Diese Übung ist mit einem Spielleiter und mehreren Spielern besonders toll. Sie brauchen dann nur eine längere Schnur.

»Metall«-Spiel für die Kleinen: Einer ahmt den anderen nach (Seite 85).

»Wasser«-Spiele

▶ *Ziel: Mut für Neues entwickeln, sich fallenlassen und die Fähigkeit erlernen, ruhig zu sein und sich zu entspannen.*

Es regnet ohne Unterlaß ...

1 Ein Spieler legt sich auf eine Bodenmatte oder eine Decke. Der Rest (gleichgültig ob ein Kind oder mehrere) übernimmt den

Für 3- bis 6jährige

aktiven Part und kniet oder hockt sich seitlich daneben.

2 Nun beginnt es zu »regnen«: Mit den Fingerkuppen wird sanft auf den Körper des Liegenden geklopft und gepocht – die ersten Tropfen fallen. Langsam, aber stetig nimmt der Regen an Heftigkeit zu, bis schließlich ein richtiges Gewitter auf das Kind niederprasselt. Jede Körperstelle – von den Zehen bis zum Scheitel – sollte gut »naß« werden, aber immer sollten die Berührungen angenehm sein.

3 Dann läßt der Regen plötzlich nach, die Tropfen fallen sanfter und versiegen schließlich ganz.

4 Nach einer kurzen Nachspürphase wird der Nächste sanft »beregnet«.

Einfach fallen lassen

Für 7- bis 10jährige

Als Eltern-Kind-Spiel kann diese Übung nur »one-way« durchgeführt werden, bei zwei etwa gleich großen und ähnlich starken Kindern wird gewechselt:

1 Die Spieler stellen sich paarweise in etwa einem halben bis dreiviertel Meter Abstand hintereinander auf.

2 Der Vordere macht sich ganz steif und läßt sich langsam nach hinten fallen. Der Hintere fängt ihn auf und stellt ihn sanft wieder in die Vertikale. Das sollte einige Male wiederholt werden.

● *Variante für eine Gruppe:* Legen Sie zu dieser Übung ruhige Musik auf.

1 Ein Kind stellt sich mit geschlossenen Augen in die Mitte der Gruppe. Ganz eng bilden die anderen um den »Blinden« einen schützenden Kreis.

2 Steif wie ein Stehaufmännchen läßt sich das mittlere Kind nun nach hinten kippen. Die anderen Mitglieder des »Vertrauenskreises« fangen ihn mit den Händen auf und schieben ihn vorsichtig in verschiedene Richtungen im Kreis herum. Sorgen Sie für harmonisches und diszipliniertes Spielen, dann wird der Mittlere die Übung sehr genießen.

3 Nach etwa zwei Minuten darf das nächste Kind in die Mitte.

»Regentropfen« pochen mal sanft, mal heftiger auf den Körper – natürlich ein »Wasser«-Spiel.

Erziehung durch Beziehung

Christina will sich einfach nichts sagen lassen und faßt die Bitten ihrer Mutter immer gleich als Kritik auf – und macht dann auch das genaue Gegenteil … Und Kevin liebt Geheimnisse und läßt niemand an seinem Innenleben teilhaben. Wenn er dann mißverstanden wird, zieht er sich beleidigt zurück …

Wenn's schwierig wird ...

Das Chi der Verständigung

Wo Menschen miteinander leben, gibt es Irrtümer, nichterfüllte Erwartungen, Mißverständnisse, mal gute, mal schlechte Laune … und irgendwie muß man doch miteinander klarkommen.

▶ Mit Hilfe des Neun-Sterne-Ki und der Fünf Elemente werden Sie Ihr Kind besser verstehen lernen und anders auf sein Verhalten reagieren können (Seite 22).

Hilfe durch Neun Sterne und Fünf Elemente

Miteinander reden

▶ Das wichtigste Bindeglied und Ausdrucksmittel ist die Kommunikation – wenn sie »funktioniert«, fließt gutes, kraftvolles Chi zwischen Eltern und Kind:

● Sprechen Sie offen und ehrlich über Wichtiges,
● nehmen Sie sich füreinander Zeit, hören Sie wirklich zu,
● betrachten Sie die Dinge mal aus der Perspektive des anderen,
● verzichten Sie auf Schuldzuweisungen, und
● formulieren Sie Ihre Anliegen stets vorwurfsfrei; das vermeidet Streß und drängt Ihr Kind nicht in eine Abwehrhaltung (Buchtip Seite 93).

All dies ist eine gute Grundlage für mehr Harmonie und weniger Probleme (Chi-Stau) im täglichen familiären Miteinander.

So kann Kommunikation gelingen

Zu Fehlern stehen

Aus der Beobachtung der unterschiedlichen Rollen und Verhaltensmuster innerhalb der Familie entwickelt das Kind auf unbewußte Weise ein eigenes Abbild der Welt. Dabei erlebt es beispielsweise, ob es sich auf Vater und Mutter wirklich verlassen kann, oder es »bohrt« instinktiv in die geheimsten Schwachstellen der Eltern. Je nachdem, wie offen und konsequent Sie nun reagieren, erlebt das Kind, ob man zu seinen Stärken und Schwächen

Vorbilder prägen das Weltbild

stehen darf oder eben nicht. Diese Erfahrungen übernimmt es als eigene »Muster« für sein weiteres Leben.

Fehler sind zum Lernen da

▶ Zeigen Sie daher Ihrem Kind durch aktives Vorleben, daß jeder Mensch Fehler und Schwächen haben darf und daß das noch lange kein Unglück ist, solange man bereit ist, daraus zu lernen und sich weiterzuentwickeln.

Mit gutem Beispiel vorangehen

Ein weiteres wichtiges Thema sind Regeln und Verbote. Diese lösen erfahrungsgemäß meist inneren Widerstand aus und stören daher den freien Energiefluß zwischen Eltern und Kind. Auch hier sollten Sie mit gutem Beispiel vorangehen:

Werte, Regeln und Verbote vermitteln

▶ Leben Sie Ihre Werte und Ideale klar erkennbar, und auch für das Kind spürbar, vor! Überlegen Sie daher, wie Sie Ihrem Kind ein positives Beispiel sein können. Wenn Sie möchten, daß Ihr Kind Toleranz und Nächstenliebe lebt, dann zeigen Sie selbst Toleranz, und schimpfen Sie beispielsweise nicht über die Fehler Ihres Nachbarn. Oder halten Sie zunächst bei den eigenen Dingen Ordnung, dann werden Sie auch Ihrem Kind viel glaubwürdiger den Wert des Aufräumens näherbringen können.

TIP!

Die liebe Ordnung

Ordnung, Sauberkeit und Sichtrennen von nicht mehr benötigten Dingen sind eine wichtige Grundlage des Feng Shui. Nur wenn es genügend Freiraum in der Wohnung gibt und viele »klare« Energien im Raum sind, kann das Chi vital und frei fließen. In solchen Räumen lebt es sich heiterer und unbeschwerter.

Ein spezieller Fall ist aber das Kinderzimmer, weil es der Intimbereich Ihres Kindes ist und idealerweise spätestens ab dem Schulalter vom Kind selbst in Ordnung gehalten werden sollte.

▶ Beim Aufräumen kann Ihr Kind schon früh Selbständigkeit und Disziplin üben. Allerdings sollten Sie zunächst mal lernen »wegzuschauen«. Schreiten Sie erst dann ein, wenn das Chaos im Kinderzimmer unerträglich wird. Damit geben Sie auch einem Kind, das sich nichts aus Ordnung macht, die Chance, den energetischen Unterschied zwischen Ordnung und Unordnung selbst zu spüren. Schrauben Sie aber Ihre Meßlatte nicht zu hoch, denn Kinder müssen Grenzen ausloten und üben das auch an der Erfahrung von Unordnung.

▶ Das regelmäßige Aufräumen können Sie übrigens als ein (anfangs) gemeinsames, fröhliches Ritual gestalten, zum Beispiel beim Bauklötze-Einsammeln: Abwechselnd wirft jeder eine Handvoll Klötzchen in die Spielzeugkiste. Wer das letzte einsammelt, hat gewonnen.

Auch Reime und Finger-spiele kön-nen liebe-volle kleine Rituale sein – als »run-ning gag« zum Ein-schlafen, wenn es mal wehtut oder beim Kuscheln.

Mit Ritualen den Alltag beleben

Rituale sind »Anker-plätze« im Alltag, ...

Jedes Kind braucht – gewisser-maßen als Orientierungshilfe – wiederkehrende Höhepunkte, die den Alltag beleben. Jahreszeiten-feste wie Weihnachten, Ernte-dank oder Ostern, die lang ersehnte Geburtstagsparty oder die sonntägliche Radtour mit Mama und Papa sind der Stoff, aus dem wichtige positive Erfah-rungen abgeleitet werden. Sol-che zuverlässigen »besonderen« Ereignisse geben Ihrem Kind Halt und Geborgenheit.
Im übertragenen Sinne wirken diese Rituale wie das »Tai Chi«, das Zentrum der Wohnung – sie sorgen für Energie, emotionales

... geben Halt, Gebor-genheit und neue Energie.

Wohlbefinden und innere Har-monie. Und das ist gerade in unserer schnellebigen Zeit beson-ders wichtig.

Tips für Rituale

Kein Zeitpunkt ist verkehrt und kein Anlaß zu gering, um daraus ein nettes Ritual zu machen.
▶ Wichtig für ein gutes Ritual ist, daß Sie es liebevoll und regel-mäßig machen. Mit Kreativität und Gespür werden Ihnen bestimmt viele sinnvolle Rituale einfallen. Hier ein Beispiel:

Erfinden Sie Ihre eigenen Rituale!

»Guten Morgen, gute Nacht«

▶ Befestigen Sie einen Sonne-Mond-Anhänger so, daß Ihr Kind ihn vom Bett aus sehen kann, etwa an der Innenseite der Kinderzimmertür oder neben dem Bett. Der Anhänger soll vorn die Sonne, hinten den Mond zeigen. Sie können dies entweder selbst auf Karton malen oder finden brauchbare Accessoires in Bastel- oder Einrichtungsgeschäften.

Der Sonne-Mond-Anhänger

▶ Nach der abendlichen Gute-Nacht-Geschichte drehen Sie als symbolischen Abschiedsgruß die Sonne um, und nun wacht der freundliche Mond über den Schlaf des Kindes. Wenn dann am nächsten Morgen die Jalousie geöffnet wird und es Zeit zum Aufstehen ist, drehen Sie wieder die Sonne nach vorn, die nun strahlend den Tag begrüßt und bis zum Abend über das Zimmer wacht.

Familientag einmal anders

Ganz gleich, ob alleinerziehend oder Elternpaar: Dem Familienleben tun intensive gemeinsame Erlebnisse ausgesprochen gut. Denn Kinder sollen nicht nur versorgt werden, sie brauchen vor allem Nähe und Zuwendung. Kreieren Sie daher regelmäßige Ereignisse, bei denen Sie Ihrem Kind Ihre ganze, ungeteilte Aufmerksamkeit schenken können – fernab vom Alltagsstreß.

Gemeinsame Erlebnisse sind wichtig

Ein besonders schönes Feng-Shui-Ritual:

Der »Eltern-Kind-Tag«

▶ Einmal im Monat zum Beispiel nehmen sich Mutter und Vater abwechselnd Zeit, um gemeinsam mit dem Kind »auszubrechen«, während der Partner ein paar Stunden für sich hat. Einen Nachmittag oder gar einen ganzen Tag lang wird etwas ganz anderes getan als sonst – Hauptsache, es macht Spaß und Ihr Kind freut sich darauf. Sie lassen dadurch den Alltagstrott hinter sich, und die gemeinsamen Abenteuer vertiefen Ihre Beziehung und stärken das »Vertrauenskonto« zwischen Ihnen. Ihr Kind spürt deutlich, wie wichtig es Ihnen ist. Denn trotz

Viel Zeit nur fürs Kind

TIP!

Auch wichtig: die Ernährung

Nahrung ist Energie. Auch durch die Ernährung können Sie den Chi-Haushalt Ihres Kindes stärken und bestimmte körperliche oder emotionale Schwachpunkte ausgleichen. Mit Hilfe der »Fünf-Elemente-Küche« (Buchtip Seite 93) finden Sie heraus, welche Nahrungsmittel und welche Art der Zubereitung optimal für Ihr Kind (und Sie selbst) sind. Ohne großen Aufwand können Sie Ihrem Kind nun genau jene Gerichte zubereiten, die seiner Persönlichkeit und seinen Bedürfnissen am besten entsprechen – »Feng Shui für die Küche« sozusagen.

Haushalt und Arbeit nehmen Sie sich ausschließlich Zeit für Ihr Kind. Diese Erfahrung ist ausgesprochen wertvoll und wirkt insgesamt genauso »Chi-anhebend« wie etwa die Aktivierung der Familien- und Kinderzone des Bagua mit Feng-Shui-Hilfsmitteln (Seite 63).

Eltern sein, Paar bleiben

Kinder verändern die Partnerschaft Vergessen Sie bei all den Gedanken über Ihr Kind sich selbst und Ihre Partnerschaft nicht! Sobald das erste Kind geboren ist, verändert sich das Zusammenleben eines Paares enorm. Viele neue Herausforderungen warten auf die jungen Eltern, und der Umgang mit dem Partner muß regelrecht neu gelernt werden. Gerade in den ersten Lebensmonaten braucht ein Kind besonders viel Aufmerksamkeit. Das kostet Energie und Zeit. Häufig leben sich Paare in dieser Phase auseinander. Dabei kann nichts so wichtig sein wie Ihre Beziehung! Denn auch Ihr Kind profitiert von ausgeglichenen und glücklichen Eltern.

Wichtig: Nehmen Sie sich Zeit füreinander!
▶ Achten Sie also auf Ihr Wohlbefinden, sorgen Sie rechtzeitig für genügend Ausgleich (Seite 17), und nehmen Sie sich regelmäßig Zeit füreinander.

▶ Gestalten Sie parallel dazu die Partnerecke Ihres Schlafzimmers (Seite 57) besonders liebevoll.

Das Elternschlafzimmer – Tabuzone oder offene Tür?

Nicht nur Kinder, sondern auch Eltern brauchen ausreichend Freiraum. Sobald Ihr Kind ein eigenes Zimmer hat (Seite 40), sollte daher das Elternschlafzimmer wieder so aussehen wie vor der Geburt. Das Schlafzimmer symbolisiert nämlich Ihr intimstes Inneres und gleichzeitig auch Ihre Partnerschaft. Daher sollte es frei von störenden Fremdeinflüssen sein.

Symbol für Innenleben und Intimität

▶ Gerade, wenn die gesamte Wohnung ohnehin auf das Kind ausgerichtet ist, sollten Sie aus dem elterlichen Schlafzimmer Spielsachen, Kinderbilder und Gitterbettchen bald wieder entfernen. Schaffen Sie eine intime, kuschelige und sinnliche Atmosphäre der Zweisamkeit.

▶ Wenn Ihr Kind noch in Ihrem Bett einschlafen darf, sollten Sie es doch bald an sein eigenes Zimmer gewöhnen. Daß es sich dort wohlfühlen kann, können Sie mit all dem, was Sie jetzt über Feng Shui wissen, unterstützen. Eine Salzkristallampe als Einschlaflicht im Raum und die regelmäßige Gute-Nacht-Geschichte am Kinderbett tun ein übriges.

So fühlt sich Ihr Kind im eigenen Bett wohl

Zum Nachschlagen

Bücher,
die weiterhelfen

Feng Shui & Fünf Elemente

Karstädt, Uwe: *Ganz in meinem Element – Die Kraft der Persönlichkeit in den Fünf Elementen entdecken*; Kösel Verlag

Meyer, Hermann / Sator, Günther: *Besser leben mit Feng Shui*; Irisiana/Hugendubel Verlag

Sator, Günther: *Feng Shui. Die Kraft der Wohnung entdecken und nutzen*; Gräfe und Unzer

Sator, Günther: *Feng Shui – Harmonie in Partnerschaft und Liebe;* Gräfe und Unzer Verlag

Erziehung durch Beziehung

Gordon, Thomas: *Familienkonferenz;* Heyne Verlag

Gordon, Thomas: *Lehrer-Schüler-Konferenz;* Heyne Verlag

»Mit Kindern wachsen« (Zeitschrift); Mit-Kindern-wachsen-Verlag, Am Herrwald 6, D-79348 Freiamt

Nagel, Greta: *Tao für Eltern – Alte Weisheit für moderne Kindererziehung;* Econ Verlag und List Taschenbuchverlag

Shapiro, Lawrence E.: *EQ für Kinder;* Deutscher Taschenbuch Verlag

Wild, Rebecca: *Erziehung zum Sein;* Arbor Verlag

Wild, Rebeca: *Kinder wissen, was sie brauchen;* Herder Verlag

Kinderspiele & Rituale

Flemming, Irene: *Experimentier- und Geschicklichkeitsspiele für Grundschule u. Kindergruppen;* Matthias-Grünewald-Verlag

Flemming, Irene / Fritz, Jürgen: *Wahrnehmungsspiele für Grundschulkinder;* Matthias-Grünewald-Verlag

Maschwitz, Gerda und Rüdiger: *Stille Übungen mit Kindern;* Kösel Verlag

Nitsch, Cornelia; *Die schönsten Familienrituale – Mit vertrauten Sachen Kindern Halt und Geborgenheit geben;* Goldmann Verlag

Pulkkinen, Anne: *Babys spielerisch fördern mit dem Prager-Eltern-Kind-Programm;* Gräfe und Unzer Verlag

Garten & Pflanzen

Oberholzer, Alex / Lässer, Lore: *Gärten für Kinder;* Ulmer Verlag

Sator, Günther: *Feng Shui – Garten für die Sinne;* Gräfe und Unzer Verlag

Sator, Günther: *Feng Shui – Harmonisches Wohnen mit Pflanzen;* Gräfe und Unzer Verlag

Störschwingungen

Wohlfeil, Gottfried Joachim: *Gesund wohnen – gesund schlafen. Elektrosmog und Wohngifte vermeiden;* Jopp Verlag

Ernährung nach der Fünf-Elemente-Lehre

Fahrnow, I. u. J. H. / Sator, Günther: *Feng Shui in der Küche. Gesundheit und Harmonie nach den 5 Elementen;* Gräfe und Unzer Verlag

Fahrnow, Ilse u. Jürgen: *Fünf-Elemente-Ernährung;* Gräfe und Unzer Verlag

Adressen,
die weiterhelfen

Versender für westliche Feng-Shui-Artikel

Einen Produktkatalog »Vom richtigen Wohnen« können Sie gegen einen Druck- und Portobetrag von DM 5,-/öS 35,- (in Briefmarken oder als Internationale Rückantwortscheine der Post) anfordern bei:

Willy Penzel Handels-GmbH
Willy-Penzel-Platz 2
D-37619 Heyen
Fax: (0049) 05533 / 97 37 67
(Versand nur in Deutschland)

Feng Shui & more
Günther Sator
Atterseestraße 4
A-5310 Mondsee
Fax: (0043) 06232 / 4 81 36
Internet:
    http://www.fengshui.co.at
E-Mail: fengshui@eunet.at
(Versand in Österreich und allen anderen Ländern außer Deutschland)

Feng-Shui-Seminare

Hagia Chora
Schule für Geomantie
Luitpoldallee 35
D-84453 Mühldorf
Fax: (0049) 08631 / 37 96 34

Günther Sator hält Einführungs-Vorträge. Kontaktadresse: Feng Shui & more (siehe oben).

Sachregister

Das Original mit Garantie

Ihre Meinung ist uns wichtig. Deshalb möchten wir Ihre Kritik, gerne aber auch Ihr Lob erfahren. Um als führender Ratgeberverlag für Sie noch besser zu werden. Darum: Schreiben Sie uns! Wir freuen uns auf Ihre Post und wünschen Ihnen viel Spaß mit Ihrem GU-Ratgeber.

Unsere Garantie: Sollte ein GU-Ratgeber einmal einen Fehler enthalten, schicken Sie uns das Buch mit einem kleinen Hinweis und der Quittung innerhalb von sechs Monaten nach dem Kauf zurück. Wir tauschen Ihnen den GU-Ratgeber gegen einen anderen zum gleichen oder ähnlichen Thema um.

Ihr Gräfe und Unzer Verlag
Redaktion Gesundheit
Postfach 86 03 25
81630 München
Fax: 089/4 19 81-113
e-mail: leserservice@
graefe-und-unzer.de

Impressum

Umschlagfotos: o.li. Jahreszeiten-Verlag (Wulf Brackrock); o.re., u.re. Studio Schmitz; u.li. Jako-o; mi. Picture Press (Frank Wartenberg); U4: Haba

Fotos Innenteil:
Bavaria: S. 27 (Creastock), 29 (VCP), 75 (FPG); Bilder pur: S. 9 (K.-H. Hänel/Okapia), 24 (V. Schuhmacher/Okapia), 25 (hapo), 26 (J.&L. Weber/P. Arnold/Okapia); GU: S. 3, 67, 78/79, 81, 83, 84, 86, 87, 90 (Anna Peisl), 50 (Sigrid Reinichs), 66 (Studio Schmitz); Haba/Habermaaß-GmbH: S. 2 re., 38/39, 46, 47, 49, 53, 71; Hülsta: S. 41; Ikea: S. 65; Illumination Mandalas: S. 17; Jahreszeiten-Verlag: S. 43 (G. Zimmermann); Mauritius: S. 2 li., 6/7 (SST), 4 (age fotostock), 18 (Schlief), 32/33 (Kord), 77 (H. Hoffmann); Strauß: S. 69; The Stock Market: S. 34 (N. Schäfer), 70 (P. Barton); Tony Stone: S. 10 (L. Monneret), 14 (K. Fisher), 16 (T. Brown), 23 (D. Rose); Heidi Velten: S. 37; Zefa: S. 31 (H.G. Rossi), 60 (Steiner), 73 (Jahreszeiten-Verlag)

Wichtiger Hinweis

Dieses Buch stellt eine Form des chinesischen Feng Shui vor, die der westlichen Kultur angepaßt ist. Es gibt Anregungen, wie Sie durch einfache Veränderungen in Wohnung und Garten, durch Spiele und Verhalten Ihr Kind gezielt in seiner Entwicklung fördern können. Feng-Shui-Maßnahmen unterstützen das allgemeine Wohlbefinden, sind aber nicht geeignet zur Behandlung körperlicher oder seelischer Beschwerden. Im Buch beschriebene Wohnsituationen und Charakteranlagen führen nicht zwangsläufig zu einem bestimmten Schicksal, da jedem immer sein freier Wille und die freie Entscheidung bleiben.

Illustrationen: Heidemarie Vignati S. 21, 52

Umschlaggestaltung: independent Medien-Design
Innenlayout: Heinz Kraxenberger

Redaktion: Reinhard Brendli M.A.
Lektorat, DTP: Felicitas Holdau
Produktion: Daniela Petrini

Lithos: Fotolito Longo, Bozen
Druck und Bindung: Auer, Donauwörth

ISBN 3-7742-4498-7

Auflage	5.	4.	3.	2.	1.
Jahr	04	03	02	01	00

Das Bagua für Kinderzimmer

Fülle	Ausstrahlung	Mutter
Familie	Gesundheit	Kreativität
Lernen	Entwicklung	Vater

▲ Eingangsseite ▲

Legen Sie das Bagua so an, daß die Grundlinie mit den Feldern »Lernen«, »Entwicklung« und »Vater« an der Wand mit der Eingangstür liegt. Kinderzimmer sind nicht immer quadratisch: Der Bagua-Raster kann dem Grundriß angepaßt werden, indem er in die entsprechende rechteckige Form gedehnt wird.